... für
... nnen

oder wie man
einen Ehemann erzieht
von

Hans Gmür

Mit einem Nachwort von
Stephanie Glaser
und Zeichnungen von

Loriot

Diogenes

Dieses Buch erschien erstmals 1959 unter dem Titel
›Der häusliche Drill oder
Wie man einen Ehemann erzieht‹
im Diogenes Verlag.
Der Text ist die Neufassung einer im Frühjahr 1959
von Radio Zürich gesendeten Hörfolge.

60/95/28/11
ISBN 3 257 00676 4

Zu meiner Entschuldigung

Vorwort des Verfassers

Als ich daran ging, ein Büchlein über die Erziehung der Ehemänner zu schreiben, war mir völlig klar, daß es mir zwei ganz verschiedene Vorwürfe einbringen würde.

Der eine wird zweifellos von seiten der Ehefrauen erhoben werden. Er lautet: »Wie kommen Sie als Mann dazu, uns Frauen über die Erziehung unserer Gatten belehren zu wollen? Was kann ein Mann schon von dieser durch und durch weiblichen Kunst verstehen?«

Nun, meine Damen, man kann doch auch über die Sitten und Gebräuche der Kannibalen ein Buch schreiben, ohne selbst ein Menschenfresser zu sein. Es genügt, wenn man lange genug unter ihnen gelebt hat und knapp genug ihrem Kochtopf entronnen ist, um als sachverständige Kapazität anerkannt zu werden.

Ganz ähnlich liegt der Fall bei mir: Ich bin seit einer Reihe von Jahren – übrigens sehr glücklich – verheiratet. Ich bin mit anderen – ebenfalls sehr glücklich verheirateten – Ehepaaren befreundet. Ich hatte also reichlich Gelegenheit, die Methoden, nach denen wir Männer erzogen werden, am eigenen Leibe kennenzulernen.

Die Ratschläge, Winke und Anleitungen dieses Büchleins sind keineswegs meine eigene Erfindung. Sie sind samt und sonders von Frauen erdacht worden. Frauen auf der ganzen Welt kennen sie und erziehen seit jeher ihren Gatten danach. Und zwar mit Erfolg!

Mit dieser Feststellung hoffe ich auch den zweiten Vorwurf zu entkräften. Er wird mir von meinen Schicksalsgefährten, den Ehemännern, gemacht.

»Wie kannst du unsere gemeinsame Sache so schmählich verraten?!« pflegen sie mir entgegenzuschleudern.

Meine Herren! Ich bin kein Verräter. Falls Sie mein Büchlein lesen, werden Sie bald feststellen, daß es im Grunde dem Gatten weit nützlicher ist als der Gattin. Diese wird auf den folgenden Seiten kaum einen Kunstgriff oder Schachzug erfahren, der ihr nicht schon längst geläufig ist. Dem Ehemann dagegen werden bei der Lektüre die Augen aufgehen. Er wird endlich erkennen, welch scharfe Intelligenz und ausgeklügelte Methode hinter dem scheinbar so unlogischen Gehaben seiner Gattin steht.

Ganz im Vertrauen, meine Herren: Dies ist in Wirklichkeit kein Handbuch für die Frau, sondern ein Leitfaden für den Mann! Wenn ich es trotzdem eine Anleitung für Damen genannt habe, so ist daran nur meine angeborene Ritterlichkeit schuld (sowie der Verleger, der überzeugt ist, daß Frauen sich leichter zum Kauf entschließen).

Zum Schluß noch eine Bemerkung, die eigentlich ganz überflüssig sein müßte: Nichts liegt mir ferner, als mit dem ‚Häuslichen Drill' die Ehefrau in den Augen ihres Gatten herunterzumachen. Oder umgekehrt. Ganz im Gegenteil: Dies Büchlein möchte die Eheleute milde und versöhnlich stimmen! Es zeigt ihnen nämlich, daß alle anderen Ehepaare auch nicht besser dran sind als sie selber.

Hans Gmür

ERSTE LEKTION

Wozu dient ein Ehemann?

Sofern Sie einen Haushalt sowie den dazugehörigen Ehemann Ihr eigen nennen, sind Sie zweifellos eine tüchtige, moderne und fortschrittliche Hausfrau.

Ich sage das nicht, um Ihnen zu schmeicheln! Es ist heutzutage ungemein schwierig, ja beinahe unmöglich, nicht fortschrittlich, neuzeitlich und beängstigend tüchtig zu sein. Täglich belehren Bücher und Zeitschriften, Zeitungsartikel und Radiovorträge die Hausfrau in rührender Weise über alles nur Erdenkliche. Da werden zahllose Ratschläge erteilt, zahllose Rezepte preisgegeben, zahllose Kniffchen und Tricklein verraten. Man zeigt der Hausfrau, wie sie Tulpenzwiebeln, Kleinkinder und Rotweinflecken auf dem Tischtuch behandeln soll. Sie wird belehrt, wie sie ihren jugendfrischen Teint bewahren kann, wie man Herrenhemden bügelt, ohne einen Nervenzusammenbruch zu erleiden, wie sich aus Sonnenblumenkernen, Wacholderwurzeln und essigsaurer Tonerde ein garantiert ungenießbarer Gesundheitstee herstellen läßt. Heerscharen von Sachverständigen und Wissenschaftlern, von Ratgeberinnen und Beratern, von Briefkastentanten und Briefkastenonkeln lösen sämtliche Probleme und Problemchen der Hausfrau. Ja – sie entdecken laufend neue Probleme, von denen die Hausfrau naiverweise bisher gar nichts gemerkt hat. Und selbstverständlich lösen sie auch die! Die Lösung ist – nebenbei gesagt – in den meisten Fällen ein neues Waschpulver, eine neue Zahnpasta oder ein neuer Patent-Kochtopf...

Die Quintessenz all dieser Ratschläge, Winke und Rezepte heißt: Rationell haushalten!

Man beweist der Hausfrau, daß sie haufenweise Geld sparen kann, wenn sie die neuesten und teuersten Errungenschaften der Technik anschafft. Man zeigt ihr, wie sich beim Kochen Zeit einsparen läßt, wenn man eine wahrhaft neuzeitliche Kücheneinrichtung besitzt. Man überzeugt sie von der Notwendigkeit, jeden Quadratmillimeter ihrer Wohnung auszunützen, indem sie diese anfüllt mit raffinierten Möbeln, die allerwenigstens als Ehebett, Hausbar und Fernsehempfänger zugleich verwendet werden können.

Sie, liebe Hausfrau, tun natürlich, wie man Ihnen rät. Sie haushalten so rationell als möglich. Jede Minute Ihrer Zeit nützen Sie voll aus. Jede Anschaffung muß sich bezahlt machen! Darum darf der Kühlschrank nie leerstehen! Darum muß das Radio pausenlos durchs Haus dröhnen!

Rationell haushalten – das ist heute zur Selbstverständlichkeit geworden!

Die meiste Zeit steht oder liegt er völlig unproduktiv herum.

Und doch gibt es in vielen Haushaltungen auch heute noch einen Gegenstand, der ganz und gar nicht voll ausgenützt wird. Die meiste Zeit steht oder liegt er völlig unproduktiv herum. Dabei gäbe es tausend Verwendungsmöglichkeiten für ihn! Ich meine selbstverständlich den Ehemann.

Bei der Unvollkommenheit und Fehlerhaftigkeit der männlichen Natur braucht es uns nicht zu verwundern, daß der Ehemann selber diesen lächerlich veralteten Zustand für völlig angebracht hält. Wenigstens gibt er das vor. Er pflegt sich selber und seiner Frau einzureden: Wenn ich mich tagtäglich acht Stunden im Geschäft plage und jeden Monat brav den Zahltag heimbringe, so habe ich weiß Gott meine Pflicht getan.

Das ist natürlich Unsinn! Die paar Stunden, die er bei seiner Arbeit vertrödelt, das – meistens viel zu kleine – Gehalt, das er am Ersten abliefert, sind doch nur ein lächerlich geringer Teil der Pflichten, die der Mann in einem fortschrittlichen Haushalt zu erfüllen hat. Es gibt ja so viel für ihn zu tun: Teller spülen, Geschirr abtrocknen, den Stubenboden bohnern, Einkäufe machen, den Garten in Ordnung halten, das Baby besorgen, das Töchterchen in den Schlaf singen, dem Jungen bei den Rechenaufgaben helfen, den Warmwasserhahn im Badezimmer reparieren, die Windeln waschen... Und so weiter.

Versuchen Sie aber ja nicht, Ihren Herrn Gemahl über seine Pflichten zu belehren. Das netteste Zureden, die klügsten Argumente fruchten da bekanntlich selten. Es gibt nur ein Mittel: Machen Sie von Ihrer überlegenen Intelligenz Gebrauch! Gehen Sie diplomatisch vor! Erziehen Sie ihn, ohne daß er es merkt. Modeln Sie ihn behutsam, aber gründlich um, bis er sich aus einem schlecht rasierten, übellaunigen und die Luft mit Zigarrenqualm verpestenden Störenfried in ein nützliches, vielseitig verwendbares Mitglied der menschlichen Gesellschaft im allgemeinen und Ihres Haushalts im besonderen verwandelt hat.

Einen Fehler dürfen Sie dabei unter keinen Umständen machen: Geben Sie sich nicht zu früh mit Ihrer Erziehungsarbeit zufrieden. Begnügen Sie sich nicht damit, Ihrem Mann die schlimmsten Fehler abgewöhnt zu haben. Nein, liebe Haus- und Ehefrau, Sie dürfen nicht nachlassen und nicht müde werden, bis Sie ihn zu dem gemacht haben, wozu ihn die Natur bestimmt hat: zu einem willigen Werkzeug in den zarten Händen einer Frau, zu einem fleißigen, folgsamen und wahrhaft ergebenen Diener seiner Gattin.

Die Umschulung des durchschnittlichen Ehemannes zum Mustergatten ist eine Ihrer wichtigsten Aufgaben! Sie ist viel wichtiger als die Anschaffung eines neuen Teppichs fürs Schlafzimmer, wichtiger als die Ferienpläne für den nächsten Sommer, ja sie ist sogar dringlicher als die Frage, was Sie für die Party bei Direktor Würmlinger anziehen sollen. Überlegen Sie doch selbst! Wenn Ihr Herr Gemahl erst einmal umerzogen ist, so wird er das Cocktailkleid, das Sie im Auge haben, widerstandslos bewilligen. Er wird auch dem Astrachan und der Ferienreise nach Mallorca keine nennenswerten Hindernisse in den Weg legen. Kurz und gut: Es läßt sich viel besser mit ihm auskommen!

Aber das ist noch nicht alles! Ein wohlerzogener Ehemann im Haus erspart sowohl eine Putz- und Waschfrau als auch ein Dienstmädchen. Was das – bei der heutigen Knappheit und Arroganz der Hausangestellten – zu bedeuten hat, brauche ich Ihnen nicht zu sagen.

Denken Sie aber auch daran, welche Anstrengungen Sie damals machen mußten, um diesen Mann einzufangen! Denken Sie an die Auslagen, die Sie hatten. Sie mußten sich alle möglichen und unmöglichen Schönheitsmittel zulegen, ein reiches Assortiment von Nagellacken, Lippenstiften, verführerischen Parfums und hauchzarten Nylonstrümpfen. Sie mußten lernen, auf unendlich hohen, unendlich dünnen Absätzen dahinzutrippeln. Sie mußten sich in Pullover zwängen, die um zwei Nummern zu eng waren. Alles, um seine Aufmerksamkeit auf sich zu lenken. Nach diesen Strapazen ist es doch wahrhaftig nicht mehr als recht, wenn Sie jetzt auch etwas von Ihrem sauer erworbenen Mann haben!

Verlieren wir also keine Zeit und kein weiteres Wort! Machen wir uns ernsthaft an seine Erziehung!

ZWEITE LEKTION

Welche Fehler hat ein Ehemann?

Die Umschulung des Ehemannes – darüber sind wir uns wohl einig – ist nicht nur die wichtigste Aufgabe jeder Hausfrau, sie ist auch eine der schwersten. Die Erziehung der Kinder ist dagegen tatsächlich ein Kinderspiel. Selbst die wildesten Bengel sind ja im Grunde recht einfach zu lenken. Dagegen muß man leider einen Großteil aller Ehemänner als ausgesprochen schwererziehbar bezeichnen.

Um so wichtiger ist es, daß Sie, liebe Haus- und Ehefrau, sich von Anfang an mit viel Geduld und Ausdauer wappnen. Lassen Sie auch bei wiederholten Rückschlägen den Mut nicht sinken und vor allem: Gehen Sie nach der richtigen Methode vor!

Bevor Sie mit der eigentlichen Erziehung beginnen können, empfiehlt es sich, den Mann selber und seinen Charakter sorgfältig zu studieren. Es ist eine alte strategische Regel: Je besser man den Gegner kennt, um so leichter kann man seinen Widerstand zerschmettern! Wenden wir uns also dem Studium des Ehemannes zu.

Zum Glück sind Männer ja äußerst einfache – um nicht zu sagen primitive – Lebewesen. Verglichen mit Ihrem unergründlichen Seelenleben, verehrte Leserin, ist die männliche Psyche lächerlich unkompliziert.

Allerdings besitzt der Mann eine Reihe von Eigenarten – oder besser gesagt: Eigenheiten, die seine Erziehung ungemein erschweren, ja – im fortgeschrittenen Stadium – nahezu unmöglich machen!

Welches sind diese Eigenheiten?

Wir haben bereits davon gesprochen, daß der Ehemann gerne vorgibt, nach der Arbeit müde und abgespannt zu sein. Er betritt die Wohnung mit dem schleppenden Schritt eines Erschöpften, er läßt sich in den bequemsten Fauteuil plumpsen und streckt alle vier Extremitäten von sich wie ein Boxer, den man gerade ausgezählt hat. Dann berichtet er in einem Ton, der selbst das Herz eines Sklaventreibers erweichen könnte, von den gigantischen Arbeitsmassen, die er im Geschäft bewältigen mußte. Er beklagt sich weinerlich darüber, daß ausgerechnet jetzt, wo die Jahresbilanz vor der Türe steht, der Chef in den Ferien ist, drei Kollegen die Frechheit hatten krank zu werden und der vierte absolut unfähig ist, auch nur einen Bleistift richtig zu spitzen. Also muß er den Laden wieder einmal allein schmeißen! Klar, daß er da am Abend todmüde ist!

»Schatz«, röchelt er mit letzter Kraft, »Schatz, sei doch so lieb und bring mir die Pantoffeln!«

Zum Glück sind Männer ja äußerst einfache – um nicht zu sagen primitive – Lebewesen.

Diese wohlbekannten Erschöpfungszustände des Gatten sind natürlich im besten Fall Einbildung! Wovon, frage ich Sie, liebe Hausfrau, wovon sollte Ihr Herr Gemahl denn müde sein?

Wenn er Staatsangestellter ist, hat er ja während der Bürostunden reichlich Zeit sich auszuruhen. Arbeitet er aber in der Privatwirtschaft, so ist seine Müdigkeit erst recht unglaubhaft. Den ganzen Tag hat er von Arbeitsdrang, Unternehmungsgeist und Vitalität gestrotzt. Aber kaum ist die Wohnungstür hinter ihm ins Schloß gefallen, verläßt ihn jäh und unerklärlicherweise sein sprühendes Temperament. Zurück bleibt die große Müdigkeit. Er ist sooo müde! Alles ist ihm zu anstrengend. Er hat zu nichts mehr Lust. Er will nur noch eines, seine Ruhe! Gegen jede Art von häuslicher Arbeit hat er eine nahezu krankhafte Abneigung. Nicht selten macht ihm sogar das Reden schon zuviel Mühe. Ein unartikuliertes Brummen oder Grunzen ist dann bei ihm schon ein Zeichen von größter Beredsamkeit. Wie anregend dieses tiefsinnige Schweigen gerade bei Tisch ist, wissen Sie vielleicht aus eigener Erfahrung. Die Gattin versucht deshalb immer wieder, den Herrn Gemahl in ein Gespräch zu verwickeln. Sie fragt ihn zum Beispiel liebevoll: »Möchtest du noch ein wenig Spinat, Karlheinz?«

Karlheinz brummt.

Also schaufelt ihm die besorgte Gattin eine Portion Spinat, Bratkartoffeln und Braten, an der sich drei hungrige Drescher satt essen könnten, auf den Teller. An Stelle von ‚danke schön' brummt Karlheinz abermals und macht sich gefräßig über seinen Teller her.

Die Gattin schaut diesem Schauspiel eine Zeitlang fasziniert zu, dann nimmt sie einen neuen Anlauf und fragt: »Schmeckt dir der Braten, Karlheinz?«

Karlheinz brummt.

»Du, sag einmal, könnten wir nicht ins Kino gehen heute abend?«

»Mmmm!«

»Im Astoria läuft ein Film mit der Paula Wessely. Frau Habersack hat ihn gestern gesehen, sie ist ganz begeistert. Weißt du, es soll die Geschichte eines Soldaten sein, der im Krieg verschollen war, und dann, nach zehn Jahren, kommt er eines schönen Tages wieder nach Hause, aber sie hat unterdessen einen anderen kennengelernt, das wäre doch sicher interessant, findest du nicht?«

Karlheinz kaut Braten, Spinat und Bratkartoffeln.

»Hast du keine Lust?«

Diesmal tönt sein Brummen ganz eindeutig ablehnend. Aber die Gattin gibt sich noch nicht geschlagen.

»Wenn du keine Lust hast, ins Kino zu gehen«, schlägt sie vor, »könnten wir doch bei Hintermanns einen Besuch machen. Erst gestern hat Frau Hintermann angerufen und gefragt, warum wir sie denn nie besuchen kommen.«

Karlheinz brummt verächtlich.

»Warum willst du denn nicht zu Hintermanns?«

Und nun macht Karlheinz zum erstenmal den Mund auf und erklärt klar und deutlich:

»Die sind mir zu langweilig! Die reden ja den ganzen Abend lang kein Wort!«

Selbstverständlich dürfen Sie sich nicht einfach damit abfinden, daß Ihr Mann abends müde wie ein Radfahrer nach dem Sechstagerennen und schweigsam wie ein standesbewußter Goldfisch ist. Es gibt Mittel und Wege, um ihm diese Unarten gründlich zu verleiden. Wir werden gleich darauf zu sprechen kommen. Vorerst aber möchte ich Sie noch an ein paar weitere Eigenheiten des Ehegatten erinnern. Ich sprach bereits davon, daß er jede nützliche Tätigkeit im Haushalt verabscheut. Statt der Gattin den Teppichklopfer, die Kaffeemühle und das Kuchenblech galant aus der Hand zu nehmen, pflegen wir Männer unsere Freizeit mit ausgesprochen kindischen Spielereien zu vertrödeln. Wir haben sogar einen Namen für diese Spielereien erfunden: Hobby. Unter einem Hobby versteht man jede Betätigung, die weder Sinn noch Verstand hat, also zum Beispiel: Briefmarkensammeln, Laubsägen, Schmetterlinge aufspießen,

Karten spielen, jodeln oder Alphornblasen. Weitaus am beliebtesten sind jene Hobbies, die sich nicht zu Hause ausüben lassen. Neunzig von hundert Ehemännern haben nämlich gegen nichts eine so ausgeprägte Abneigung wie gegen das eigene Heim und das eigene Familienleben. Nur ja keinen Abend zu Hause verbringen, heißt ihre Devise. Die Wohnung kann noch so hübsch und freundlich eingerichtet sein, ein stickiges, verqualmtes Bierlokal ist ihnen hundertmal lieber!

Manche Männer geben es wenigstens zu, wenn sie der Drang, ins Wirtshaus zu gehen, befällt. Der Großteil aber bringt dann irgendwelche Vorwände und Ausreden vor. Und weil der Mann selten Manns genug ist, seiner Gattin diese Ausflüchte ins Gesicht zu sagen, erledigt er das mit Vorliebe am Telefon. Meistens läutet es gerade, wenn sie das Essen auf den Tisch stellen will. Sie nimmt ab und kommt gar nicht dazu, ein Wort zu sagen, denn schon sprudelt der Herr Gemahl aufgeregt hervor:

»Bist du's, Liebling? Stell dir vor, ich kann nicht zum Essen heimkommen! Tut mir schrecklich leid, Liebling, aber es ist leider völlig ausgeschlossen! Du weißt ja, wieviel Arbeit dein armer Herzkäfer im Geschäft hat, da muß ich halt schon wieder Überstunden machen...«

»Die Suppe steht aber schon auf dem Tisch«,

wagt die Gattin einzuwerfen. Der Ehemann wischt diesen Einwand souverän unter den Tisch.

»Mach dir nichts draus, Liebling«, tröstet er sie. »Das ist ja kein Unglück! Ich sage immer: Wenn man keine größeren Sorgen hat, kann man weiß Gott froh und dankbar sein!«

»Wann kommst du denn nach Hause?«

»Ja – das ist schwer zu sagen. Es kann schon Mitternacht werden. Du brauchst aber unter keinen Umständen auf mich warten. Geh du nur beizeiten ins Bettchen. Und was ich noch sagen wollte: Mach dir einen recht vergnügten Abend!«

Halten wir fest: Ehemänner greifen selbst zu den abgedroschensten Ausreden, um aus ihrem trauten Heim flüchten zu können. Wenn es sich gar nicht anders machen läßt, so gehen sie manchmal sogar mit der eigenen Frau aus. Gerade bei solchen gemeinsamen Ausgängen kommt eine weitere Untugend des durchschnittlichen Ehemannes zum Vorschein:

Wenn man bei Bekannten eingeladen ist oder mit anderen Eheleuten zusammen in einem Lokal sitzt, so zeigen Ihre Gatten nicht die kleinste Bereitschaft, sich an Ihrem netten, hochinteressanten Gespräch über Kleinkinder oder die neue Mode zu beteiligen. Nein – sie brechen unverzüglich eines jener greulichen Männergespräche vom Zaun, die sich ausnahmslos um Fußball, Automarken, die Fehler des Chefs oder die Heldentaten, die sie im Militär vollbracht haben, drehen. Daß den armen Frauen dabei die Augen zufallen, stört die Herren der Schöpfung wenig. Und zwar aus dem einfachen Grunde, weil sie es gar nicht bemerken.

Neben den geschilderten Untugenden haben wir Männer natürlich noch eine ganze Reihe weiterer Fehler und Schwächen. Ich erwähne nur die häufigsten: den Hang zum Rauchen, der nicht nur unserer Gesundheit, sondern, was weit schlimmer ist, auch den Vorhängen der Gattin schadet, den Hang zum Trinken und den verhängnisvollsten aller Hänge, den Hang über die Hecke nach fremden Frauen zu blinzeln.

Alle, oder doch einen Teil der beschriebenen Untugenden und Unvollkommenheiten werden Sie, liebe Haus- und Ehefrau, an Ihrem eigenen Gatten schon festgestellt haben. Nichts wäre aber falscher, als sich damit abzufinden!

Es gibt keinen männlichen Fehler, den eine Frau durch geschickte Erziehungsarbeit nicht zum Verschwinden bringen könnte.

DRITTE LEKTION

Wie man ihm das Zeitungslesen abgewöhnt

Bei der Erziehung des Gatten müssen Sie sich vor allem eine Grundregel einprägen! Sie heißt: Nie mit Gewalt vorgehen! Ihr Mann darf keinen Augenblick daran zweifeln, daß er es ist, der zu befehlen hat. Nicken Sie beifällig, wenn er etwas Dummes äußert. Fallen Sie ihm um den Hals, wenn er einen völlig absurden Vorschlag macht. Widersprechen Sie ihm nie und unter keinen Umständen. Sagen Sie bei jeder noch so unpassenden Gelegenheit:

»Natürlich, Liebling!«

»Aber selbstverständlich, Liebling!«

»Das ist eine großartige Idee, Liebling!«

Lassen Sie den Herrn Gemahl im Glauben, daß Sie ihn schrankenlos bewundern und seine Überlegenheit nicht eine Sekunde in Zweifel ziehen. Fast alle Männer sind von Hause aus ohnehin so eingebildet, daß ein bißchen Theater von seiten der Gattin genügt, sie in diesem elementaren Irrtum zu bestärken. Wenn der Ehemann felsenfest davon überzeugt ist, der Herr im Hause zu sein, wird er es gar nicht merken, wenn Sie ihn mit Charme und Diplomatie zu lenken beginnen. Darf ich gleich an einem praktischen Beispiel erläutern, wie das zu geschehen hat?

Wir haben schon von der Müdigkeit des Mannes gesprochen. Kaum hat er sein trautes Heim betreten, so befällt ihn ein besorgniserregendes Ruhebedürfnis. Bei Tisch ist er schweigsamer als ein Stummfilmstar. Nach dem Essen läßt er sich im bequemsten Polstersessel häuslich nieder, um sich unverzüglich hinter einer Zeitung zu verschanzen. (Es soll Frauen geben, die sich nur noch schwach erinnern können, wie ihr Gatte aussieht, da er ständig eine Zeitung vor dem Gesicht hat.) Drei Stunden später taucht er endlich wieder aus seiner Lektüre auf, streckt sich, gähnt, daß es dunkel wird im Zimmer, und macht zum ersten Mal, seit er zu Hause ist, den Mund auf zu der geistreichen Bemerkung: »Uff – bin ich schläfrig. Höchste Zeit, ins Bett zu gehen...«

Freuen Sie sich, meine Damen! Die Zeiten, da die chronische Zeitungsleserei Ihres Angetrauten Sie zur Verzweiflung brachte, sind vorbei! Es gibt ein ganz einfaches Mittel dagegen. Machen Sie aber ja keinen Fehler! Sagen Sie um Himmels willen nicht offen und ehrlich zu ihm:

»Könntest du nicht deine Zeitung einen Augenblick beiseite legen?« Dieses Vorgehen wäre grundverkehrt. In neun von zehn Fällen hört der Mann ohnehin gar nicht zu, wenn die Gattin etwas zu ihm

Es soll Frauen geben, die sich nur noch schwach erinnern können, wie ihr Gatte aussieht.

sagt. Sollte er ausnahmsweise doch zuhören, so wird er nur ungehalten über Ihre Zumutung. Man muß das ganz anders anpacken. Es geht ja nicht nur darum, ihn ein einziges Mal vom Zeitungslesen abzuhalten. O nein! Die Ehefrau muß ihn ein für allemal davon heilen. Zu diesem Zweck geht sie am besten so vor: sie wartet ganz ruhig, bis er sich's richtig bequem gemacht hat in seinem Fauteuil. Erst wenn er schätzungsweise mitten im Leitartikel ist, sagt sie ganz beiläufig:

»Kürzlich war ich bei Hausmann & Co, Waldemar. Stell dir vor, wen ich dort getroffen habe.«

Selbstverständlich hat Waldemar nicht zugehört. Er ist ja mitten im Leitartikel. Sie tut aber, als ob sie das gar nicht bemerkt hätte, und fährt fort: »Weißt du, wen ich getroffen habe? Annemarie Meierhans. In der Lederwarenabteilung. Ich schaute gerade eine Handtasche an. Wunderschön, sag ich dir, aus Krokodilleder...«

Ohne von der Zeitung hochzublicken, murmelt Waldemar: »Was sagst du?«

»Annemarie fand auch, daß sie wirklich wunderschön aussieht.«

Jetzt läßt Waldemar seine Zeitung sinken und fragt verständnislos:

»Was war mit Annemarie?«

Die Gattin tut, als ob sie seine Zeitung erst jetzt bemerkt hätte. »O Verzeihung, Liebling«, sagt sie zuckersüß, »ich habe gar nicht gesehen, daß du die Zeitung liest. Laß dich nicht stören!«

»Du hast mich schon gestört«, sagt Waldemar. »Was ist mit Annemarie los?«

»Es ist nicht so wichtig, Liebling! Ich erzähl es dir ein andermal. Lies du jetzt nur ruhig weiter!«

Selbstverständlich möchte Waldemar gerne wissen, was mit Annemarie los ist. Aber als Mann darf er doch nicht zugeben, wie neugierig er ist. Also nimmt er in Gottes Namen seine Zeitung wieder vor und liest weiter. Die Gattin wartet geduldig, bis er sich von neuem in die Lektüre vertieft hat. Dann kann das Spiel wieder losgehen. Sie sagt: »Findest du nicht auch, ich sollte mir die Handtasche kaufen? Die Verkäuferin bei Hausmann & Co sagte, es sei eine einmalige Gelegenheit, sie könne sie nicht lange für mich reservieren. Und Annemarie erzählte mir, daß ihr Mann ihr erst kürzlich eine Tasche geschenkt hat, die bedeutend teurer war!«

Waldemar ist ungehalten, daß man ihn nicht in Ruhe lesen läßt.

»Was war teurer?« fragt er geistesabwesend.

»Die Tasche.«

»Welche Tasche?«

»Die Tasche von Annemarie!«

»Ach so! Die Tasche von Annemarie. Teurer als was denn?«

»Teurer als die aus Krokodil.«

»Was hat denn Annemarie mit einem Krokodil zu tun? Ich werde immer noch nicht klug daraus.«

»Das brauchst du gar nicht, Waldemar«, beruhigt nun die Gattin. »Es ist ja so dumm von mir, daß ich dich ständig störe. Sei mir nicht böse, Liebling! Und lies nur ruhig weiter!« Brummend macht sich der Gatte zum dritten Mal über seinen Leitartikel. Während er die Stelle sucht, wo er steckengeblieben ist, sagt die Frau so leise und beiläufig als möglich:

»Dann mach ich es also so, wenn du nichts dagegen hast?« Wenn der Augenblick für diese Bemerkung einigermaßen richtig gewählt wird, so ist der Gatte mit seinen Gedanken schon wieder wo anders. Er wird etwas brummen, das seine Gattin selbstverständlich als Zustimmung zum Kaufe der Krokodilledertasche auslegen kann.

Das geschilderte Vorgehen hat zwei Vorteile:

Erstens büßt das Zeitungslesen für Ihren Mann jeden Reiz ein, wenn er dauernd dabei gestört wird. Zweitens können Sie anderntags hingehen, die bewußte Handtasche kaufen und dem Gatten die Rechnung präsentieren. Ist er erstaunt, so flöten Sie in besonders honigsüßem Tone:

»Aber Waldemar! Ich habe dich doch gestern ausdrücklich gefragt, ob ich sie kaufen soll – und du hast ja gesagt!«

Nach spätestens drei Monaten wird jeder Ehemann einsehen, daß die Lektüre auf diese Weise zu kostspielig wird. Er wird seine Zeitungen fürderhin nur noch dort lesen, wo man Zeitungen lesen soll: im Büro.

VIERTE LEKTION

Wie man zu einem Pelzmantel kommt

Haben Sie die Ratschläge der letzten Lektion schon ausprobiert? Haben Sie schon die ersten Erfolge zu verzeichnen? Ist Ihre zweitbeste Hälfte schon soweit, daß ihm das Zeitungslesen keine rechte Freude mehr macht?

Wenn Sie meine Anregungen bereits in die Tat umgesetzt haben, so konnten Sie dabei zweifellos eine wichtige Beobachtung machen: Der Erfolg der ganzen Gattenerziehung hängt davon ab, daß Sie keine Sekunde lang Charme und hausmütterliche Herzlichkeit außer acht lassen. Nie darf ein böses oder auch nur energisches Wort über Ihre Lippen kommen. Das könnte alles verderben! Männer sind nun einmal so: man kann alles von ihnen haben, solange man – scheinbar – nichts von ihnen verlangt. Zeigen Sie einem Ehemann das Ziel, zu dem Sie ihn bringen wollen, und er wird unweigerlich bocken wie ein störrischer Maulesel. Führen Sie ihn aber auf Umwegen dahin, so trottet er folgsam wie ein Lamm hinter Ihnen her. Der kürzeste Weg ist in der Ehe nie die Gerade, sondern die Zickzack-Linie. Sportlich ausgedrückt könnte man die Gattenerziehung als häuslichen Riesen-Slalom bezeichnen.

Aus diesem Grund ist es – nebenbei gesagt – stets ratsam, Ferien am Meer vorzuschlagen, wenn Sie ins Engadin oder Tirol möchten, und von der Nordsee zu schwärmen, wenn Sie in Wirklichkeit ein Urlaub an der Adria lockt.

Ebenso wichtig wie die reichliche Verwendung von Charme und Liebreiz im Umgang mit Ehemännern ist die technische Ausbildung, das Konditionstraining der Gattin. In diesem Training muß sie vor allem die Beherrschung der Stimme erlernen. Mit der Stimme läßt sich so unendlich vieles erreichen, was – in klare Worte gekleidet – den Gatten hoffnungslos verärgern würde. Ein diskreter Seufzer, eine fast unmerkliche Pause am rechten Ort, ein mitleiderregendes Stammeln – solche Dinge können oft Wunder wirken.

Selbstverständlich müssen sie gründlich geübt werden, am besten vor dem Spiegel. Modulation der Stimme, Mienenspiel und Körperhaltung müssen haargenau aufeinander abgestimmt sein, sollen sie ihre Wirkung auf den Ehemann nicht verfehlen.

Ich kann im Rahmen dieser Einführung nicht auf alle Möglichkeiten eingehen, die sich einer ehrgeizigen und begabten Ehefrau hier bieten, sondern muß mich darauf beschränken, die wichtigsten kurz zu beschreiben.

... und er wird unweigerlich bocken wie ein störrischer Maulesel

Ein wirkungsvolles Mittel zur Beeinflussung des Mannes ist jenes berühmte ‚Beben in der Stimme', das in den Romanen von Hedwig Courths-Mahler mit Recht einen Ehrenplatz einnimmt. Ich will seine Anwendung an einem Beispiel illustrieren: Eine noch sehr unerfahrene Ehefrau sagt vielleicht zu ihrem Mann:

»Willst du wirklich, daß ich noch einen Winter lang in diesem schäbigen Mantel herumlaufe?!«

Solche Worte machen jeden normalen Gatten wütend und erreichen mit Sicherheit das Gegenteil dessen, was die Frau möchte.

Deshalb geht die kluge Haus- und Ehefrau ganz anders vor. Widerspruchslos ergibt sie sich in ihr trauriges Schicksal und sagt:

»Schon recht, Theobald! Wenn wir uns keinen neuen leisten können, trage ich eben den alten Mantel noch ein Jahr!«

Diesen heldenhaften Satz spricht sie nun aber mit dem tragischen Tremolo der Märtyrerin. Der Mann darf keinesfalls überhören, daß sie das Weinen nur mit fast übermenschlicher Anstrengung unterdrücken kann. Zu diesem Zweck empfiehlt es sich, die Stimme nicht nur flackern und flattern zu lassen, sondern nach jedem dritten oder vierten Wort ein Schnupfen einzuflechten und den Schluß des Satzes nur noch – wie mit letzter Willenskraft – hinzuhauchen. Es muß etwa so klingen:

»Scho-ho-hon recht – (Schnupfen) – The-heheobald – wenn wi-hir uns keinen neuen – (Schnupfen) – Ma-ha-hantel leisten kö-hö-hönnen, tra-ha-hage ich den – (starkes Schnupfen) a-ha-halten noch ein Ja-ha-ha-hahr...« Wichtig ist, daß Sie die dazupassende Miene aufsetzen. Am besten schauen Sie sich zu diesem Zweck einige Filme von Maria Schell an. Kopieren Sie das Gesicht, das die Schell in all jenen rührenden Szenen macht, wo ihr Partner jeweils ‚tapfere kleine Frau' zu sagen pflegt, dann kann es nicht schief gehen!

Wenn Sie das Ganze richtig hinkriegen, muß Ihr Gatte überzeugt sein, daß Sie sich stumm und klaglos aufopfern. Er fühlt sich schuldbewußt! Sein Gewissen läßt ihm keine Ruhe! Sie haben gewonnen! Schuldbewußte Männer lassen sich bekanntlich am leichtesten behandeln.

Eine großartige Waffe zur Unterwerfung des Mannes ist – wie ich schon erwähnte – der Seufzer. Auch er muß selbstverständlich vor dem Spiegel gründlich eingeübt werden. Konzentrieren Sie sich dabei ganz auf Ihr Zwerchfell. Lassen Sie den Seufzer langsam, ganz langsam aufsteigen. Hauchen Sie mit halbgeöffneten Lippen waagrecht vor sich hin. Kombinieren Sie damit einen gekränkten Augenaufschlag. Er gelingt am besten, wenn Sie die Augen um fünfunddreißig Grad nach oben drehen und gleichzeitig den Kopf mehrmals langsam hin und her schütteln. Wenn Sie das einmal richtig beherrschen, so können Sie Ihren Mann garantiert um den Finger wickeln.

Die stärkste Waffe der Frau ist und bleibt natürlich das Weinen. Wenn Sie es in der Gattenerziehung zu etwas bringen wollen, so müssen Sie so lange an sich arbeiten, bis Sie in der Lage sind, überall und jederzeit loszuheulen. Machen Sie aber nicht allzu häufigen Gebrauch von dieser Fähigkeit. Dadurch würde der Gegner nur abgestumpft, und das wollen Sie ja nicht! Bearbeiten Sie ihn, solange es geht, mit Seufzern, vorwurfsvollen Blicken und ähnlichen leichteren Waffen. Erst wenn keine andere Wahl mehr bleibt, sollten Sie das schwere Geschütz der Tränen einsetzen. Dann aber richtig!

Sie werden sehen: falls Sie die Technik wirklich beherrschen, können Sie praktisch alles erreichen. Ich möchte Ihnen das an einem Beispiel erläutern:

Nehmen wir an, Fridolin kommt spät nach Hause. Frieda erwartet ihn im Schlafzimmer. Sobald er die Zimmertüre öffnet, beginnt sie leise zu schluchzen.

»Was hast du denn?« fragt Fridolin.

Frieda schluchzt lauter.

»Aber so hör doch schon auf!« sagt Fridolin leicht gereizt.

Statt dessen heult Frieda nun erst richtig los.

»Aber Frieda«, beschwichtigt er, »warum weinst du denn? Hab ich irgend etwas falsch gemacht?«

Frieda begeht selbstverständlich nicht den Fehler, ihm eine Antwort zu geben. Sie tut das einzig Richtige, sie schluchzt unbeirrt weiter.

»Frieda! Frieda! Was sollen denn Meiers nebenan denken! Du weißt doch, wie dünn die Wände in diesen Neubauten sind. Die können jedes Wort hören, das wir hier sprechen!«

Das ist für Frieda ein Grund mehr, noch lauter zu heulen.

Fridolin weiß sich nicht mehr zu helfen. »Meiers müssen mich ja für einen Sadisten halten!« sagt er, der Verzweiflung nahe. »Bitte, bitte – hör doch endlich auf! Die glauben bestimmt, daß ich dich weiß der Himmel wie grausam behandle.«

»Das wissen Meiers schon lange!« sagt Frieda immer noch schluchzend. »Das ganze Haus weiß es, wie du mich behandelst! Die ganze Nachbarschaft!«

»Aber hör mal –!«

»Natürlich wissen sie es! Frau Meier hat schon wieder einen neuen Pelzmantel – und Frau Müller ebenfalls. Nur ich muß immer noch in dem kläglichen Fetzen vom vorletzten Jahr herumlaufen. Dabei weiß das ganze Haus, daß du mehr verdienst als Herr Meier und fast so viel wie Herr Müller!«

Den Abschluß dieser Anklagerede bildet ein neuer Weinkrampf, lauter und nervenzerreißender als alle vorangegangenen. Was bleibt Fridolin anderes übrig als zu flehen:

»Bitte, bitte, hör endlich auf. Ich habe ja gar nichts dagegen, daß du dir einen neuen Pelzmantel kaufst...«

FÜNFTE LEKTION

Wie man ihn aus dem Badezimmer vertreibt

Männer neigen bekanntlich zu Extremen. Beispielsweise verwöhnen sie vor der Hochzeit ein Mädchen mit Blumen und Süßigkeiten. Sie schenken ihr Schallplatten, Bücher, Clips oder selbstverfaßte Verse. Sie rufen zehnmal täglich an, nur um zu fragen, wie es geht und ob sie gut geschlafen hat. Nach der Hochzeit ändert sich das rasch und radikal. Sie denken gar nicht mehr daran, Blumen mitzubringen. Sie schenken es sich, Geschenke zu machen. Und wenn sie anrufen, so nur um mitzuteilen, daß sie nicht zum Essen heimkommen.

Ja – Männer neigen zu Extremen. Das zeigt sich auch auf anderen Gebieten. Es gibt Männer, die ständig schlecht rasiert sind. Sie haben schmutzige Fingernägel und ein unbeschreibliches Taschentuch. Sie würden ohne Eingreifen der Gattin monatelang dasselbe Hemd anziehen.

Falls ein Mann aber nicht zur Verwahrlosung neigt, verfällt er mit Sicherheit ins andere Extrem. Er ist maßlos eitel.

Kein Mensch wird leugnen, daß es eitle Frauen gibt. Aber die Eitelkeit des weiblichen Geschlechts hat einen unschätzbaren Vorteil: sie zeitigt mitunter recht erfreuliche Resultate. Die Stunden, die ein hübsches Mädchen auf ihre Schönheitspflege verwendet, sind sicher keine verlorene Zeit. Zudem ist die Gefallsucht der Frauen seit jeher maßlos übertrieben worden – zweifellos von Männern, die damit die Aufmerksamkeit der Welt von ihrer eigenen Eitelkeit ablenken wollten. In Wirklichkeit kann auch die eitelste Eva nicht so in sich selbst vernarrt sein, wie das neunzig Prozent aller Männer sind! Haben Sie einem Vertreter dieser Sorte schon einmal beim Rasieren zugeschaut? Haben Sie schon einmal beobachtet, wie er innehält, um sich im Spiegel zu betrachten? Wie er sich minutenlang Grimassen schneidet? Wie er die Zähne bleckt, als ob er für eine Colgate-Reklame geknipst würde? Wie er den Kopf hin und her dreht, bis er endlich eine Stellung gefunden hat, in der seine beginnende Glatze fast gar nicht mehr zu sehen ist? Oder wie er die Augen zukneift, das Kinn vorschiebt und sich einbildet, er sehe O. W. Fischer oder Burt Lancaster auffallend ähnlich?

Was die Gattin in den meisten Fällen daran hindert, die Eitelkeit ihres Herrn Gemahls nachsichtig zu belächeln ist der Umstand, daß diese Eitelkeit ihn dazu verführt, das Badezimmer ganz ungebührlich lange zu belegen. Und dabei ist das Badezimmer doch eigentlich das Reich der Frau. Es ist das

Die Eitelkeit des weiblichen Geschlechts zeitigt mitunter recht erfreuliche Resultate.

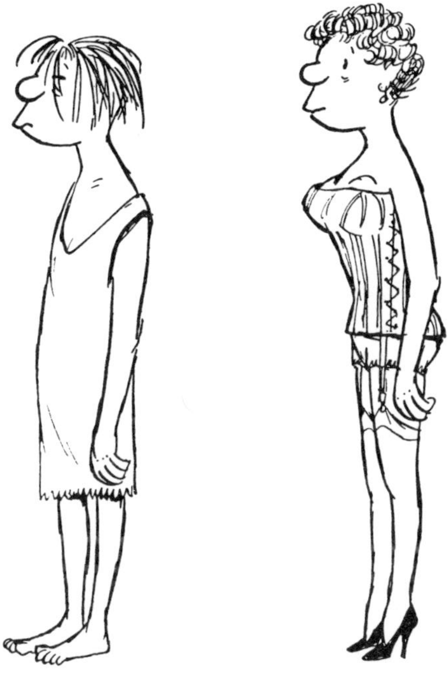

VORHER NACHHER

Boudoir des bürgerlichen Zeitalters. Dieses weibliche Hoheitsgebiet darf der Gatte nur vorübergehend betreten, um sich zu rasieren, die Zähne zu putzen und ab und zu eine Dusche zu nehmen. Aber was tut der Mann? Er macht sich im Badezimmer breit, als ob er hier ebensoviel Rechte hätte wie die Frau. Er bringt mit seinem Rasierzeug Unordnung in die fraulichen Fläschchen und Döschen. Wenn er sich wäscht, steht nachher der ganze Boden zolltief unter Wasser. Und wenn er gar in die Badewanne steigt, wird er sie vor Ablauf der nächsten zwei Stunden nicht wieder verlassen. Denn in der Badewanne überfällt jeden Mann der Drang zu singen – oder besser gesagt: jenen Lärm zu erzeugen, den er selber unbegreiflicherweise für Gesang hält. Es wäre noch erträglich, wenn der Herr Gemahl ein nettes, fröhliches Liedchen trällern würde. Aber nein! Er schmettert ‚Holde Aïda' und ‚Lache Bajazzo'.

Wenn Ihr Gatte zu den Gatten gehört, die das Badezimmer – sei es singend, sei es vor dem Spiegel grimassierend – allzulange besetzen, so müssen Sie selbstverständlich etwas dagegen tun. Ungeduldig an die Türe hämmern nützt allerdings genausowenig wie die dringende Mahnung: »Bist du noch nicht fertig! In einer halben Stunde fängt das Konzert an, und ich sehe noch aus wie eine Vogelscheuche!« Ihr katastrophales Aussehen macht ihm überhaupt keinen Eindruck! Wenn Sie Erfolg haben wollen, müssen Sie diplomatisch vorgehen. Der Trick, den ich Ihnen verraten will, beruht auf einer streng wissenschaftlichen Erkenntnis. Sicher haben Sie schon die Beobachtung gemacht, daß man im Badezimmer – wie auch in der Küche – sehr schlecht verstehen kann, was jemand in einem anderen Zimmer spricht. Der Grund dafür ist das, was die Architekten Badezimmerakustik nennen. Wenn man nun überdies noch in der Badewanne herumplätschert und dazu Arien schmettert, wie das der durchschnittliche Ehemann tut, so versteht man natürlich kein Wort mehr.

Diese Erkenntnis müssen Sie sich zunutze machen. Stellen Sie sich, wenn Ihr Herr Gemahl das nächste Mal den jodelnden Froschmann spielt, ins Wohnzimmer. Warten Sie, bis er seine Mario Lanza-Imitationen unterbrechen muß, um Atem zu holen! Rufen Sie ihm nun etwas zu. Was Sie rufen, ist ganz gleichgültig. Er kann es ja nicht verstehen. Er soll es auch gar nicht verstehen. Rufen Sie also ruhig: »Fuchs, du hast die Gans gestohlen!« Oder: »Schön und kaffeebraun sind alle Fraun in Kingston Town!«

Ihr Caruso hat natürlich kein Wort verstanden. Er hält also in seinem munteren Geplätscher inne und fragt: »Was sagst du, Schatz?«

Sie wiederholen Ihren Satz von den kaffeebraunen

Frauen, wobei Sie ruhig etwas lauter als das erste Mal rufen dürfen. Für Ihren Mann wird es trotzdem tönen wie: Föhn-und-Affenbaum-sinbad-ia-im-Raum-in-Kinder-Traum.

Da er begreiflicherweise aus diesen Lauten nicht klug wird, schreit er:

»Ich kann dich nicht verstehen, Schatz!«

Sie brüllen irgend etwas zurück. Er kräht, so laut er kann, daß er Sie nicht versteht, und so geht es weiter, bis Ihr Mann leise aber inbrünstig fluchend aus der Wanne klettert und ins Wohnzimmer gelaufen kommt.

»Ich habe dich nicht verstanden. Was ist los?«

Nun blicken Sie in gutgespieltem Erstaunen auf und sagen so unschuldig als möglich:

»Aber Hanspeter! Deswegen hättest du doch nicht aus dem Bad zu kommen brauchen! Es war doch gar nichts Wichtiges!«

Und vorwurfsvoll fahren Sie fort:

»Tz, tz, tz – schau dir die nassen Flecken an, die du mir aufs Parkett gemacht hast. Und dabei habe ich erst gestern frisch gebohnert! Sei doch so lieb und hol den Aufwischlappen!«

Und während der Ärmste in die Küche eilt, um den Aufwischlappen zu suchen, verschwinden Sie für die nächsten anderthalb Stunden im Badezimmer.

SECHSTE LEKTION

Wie man kranke Ehemänner kuriert

Sie haben sich gewiß schon gewundert, meine Damen, woher es kommt, daß man uns Männer als das ‚starke Geschlecht' bezeichnet. Die plausibelste Erklärung ist wohl die: Der Name wurde eines Tages von einer Frau erfunden; er war selbstverständlich ironisch gemeint! Die männlichen Anverwandten der witzigen Dame aber nahmen ihn – in typisch maskuliner Humorlosigkeit – ernst. Wahrscheinlich befand sich unter ihnen ein Public-Relations-Agent, der unverzüglich die weltweite Verbreitung des neuen Slogans an die Hand nahm. Anders kann man es sich schwerlich erklären!

Sie, liebe Hausfrau, wissen es ja am besten, wie empfindlich, mickrig und wehleidig Ihr sogenannter Beschützer in Wirklichkeit ist. Kaum macht sich zum Beispiel die erste, lächerliche Westentaschenausgabe eines Schnupfens bei ihm bemerkbar, so ergreift ihn Panik. In weinerlichem Ton erklärt er, daß es ihm heute morgen gar nicht wohl sei! Wirklich gar nicht wohl! Sie müssen sich eigenhändig davon überzeugen, wie fieberheiß seine Stirn ist. Sie müssen seinen Puls fühlen – und wehe

Ihnen, wenn Sie feststellen sollten, daß der Puls absolut normal ist. Sie müssen seine Zunge in Augenschein nehmen.

Nachdem er es eine Viertelstunde lang so getrieben hat, ächzt er mit schwacher Stimme: »Mit so einer Grippe kann ich un-mög-lich arbeiten gehen. Sei doch so lieb, Gertrud, und ruf im Geschäft an, daß ich ein paar Tage zu Hause bleiben muß.«

Während Sie mit einem schlechtgelaunten und mißtrauischen Chef telefonieren, legt sich Ihr Gatte wieder ins Bett. Und dann geht es los: »Gertrud – sei so gut und bring mir das Fieberthermometer! Weißt du, es ist besser, wenn ich mich nicht unnötig bewege.«

»Gertrud, sei so gut und bring mir die Nasentropfen.«

»Gertrud, bring mir doch bitte die Hustenbonbons. Nein – doch nicht die braunen, Gertrud! Die nützen überhaupt nichts. Ich meine die rosaroten!«

»Gertrud, wann reibst du mir die Brust mit Murmeltierfett ein?«

»Gertrud, warum machst du mir kein heißes Fußbad? Das würde das Fieber schon herunterziehen!«

»Gertrud, die heißen Umschläge sind schon wieder ganz kalt!«

»Gertrud...«

So geht es den ganzen Tag und womöglich auch

Sie haben sich gewiß schon gewundert, warum man uns Männer als das starke Geschlecht bezeichnet.

die nächsten Tage weiter, wenn Sie nichts dagegen tun. Aber wie, werden Sie fragen, wie soll man vorgehen? Vor allem muß ich Sie an die Grundregel aller erfolgreichen Ehemänner-Erziehung erinnern: Widersprechen Sie ihm nicht! Gehen Sie – wenigstens am Anfang – auf seine Fiktion, schwerkrank zu sein, ein. Versorgen Sie ihn liebevoll mit Hustensirup, Nasentropfen, Bettflasche und Trostworten. Hören Sie geduldig zu, wenn er Ihnen zum hundertsten Mal auseinandersetzt, wo es ihn überall drückt und zwickt und zwackt.

Gegen Mittag können Sie die erste Gegenmaßnahme ergreifen. Wenn Ihr Gatte verkündet, daß er Appetit auf ein Beefsteak oder eine Bratwurst hätte, müssen Sie traurig den Kopf schütteln. Sagen Sie mit der liebevollen Strenge einer regelrechten Krankenschwester: »An so schwer verdauliche Sachen ist gar nicht zu denken! Dazu ist dein Zustand noch zu ernst. Ich mache dir aber ein ganz besonders feines Schleimsüppchen!« Sie werden sehen: Das Schleimsüppchen verdirbt ihm die Freude am Kranksein schon ein wenig.

Höchstwahrscheinlich freut er sich nach dieser Schwachstrom-Mahlzeit auf einen starken Kaffee. Es versteht sich von selbst, daß Sie ihm auch den Kaffee verweigern müssen. Servieren Sie ihm stattdessen einen Gesundheitstee aus Lorbeerblättern, Lakritzensaft und gedörrten Roßkastanien. Geben

Sie zur Sicherheit noch einen Löffel Lebertran dazu. Wenn Ihr Mann dieses Tränklein unter Tränen hinuntergewürgt hat, macht ihm sein Krankheitsurlaub bestimmt keinen Spaß mehr!

Begnügen Sie sich nun aber ja nicht mit einem Achtungserfolg. Ihr Mann muß einen Denkzettel erhalten, der ihm ein für allemal die Lust nimmt, sich unter fadenscheinigen Vorwänden ins Bett zu legen und Sie herumzukommandieren. Zu diesem Zweck gehen Sie nach dem Mittagessen aus. Machen Sie vorher beim Metzger, beim Bäcker und in einem Dutzend anderer Geschäfte Bestellungen, so daß Sie sicher sein können, daß es am laufenden Band an Ihrer Wohnungstür klingeln wird. Ihr Herr Gemahl wird jedesmal aufstehen müssen. Noch hübscher wird der Spaß, wenn ein Baby im Hause ist. In diesem Falle sagen Sie vor dem Weggehen zuckersüß: »Ich laufe nur schnell in die Apotheke hinüber, um die Medizin für dich zu holen. Du hast ja alles, was du brauchst, nicht wahr? Wenn Peterchen schreien sollte, mußt du halt schnell aufstehen und nachsehen, was ihm fehlt. Versprich mir aber, daß du dir ein Taschentuch vor den Mund bindest, damit du ihn nicht ansteckst. Wahrscheinlich wird er aber gar nicht schreien. Dagegen könnte es einmal läuten. Das wird der Mann sein, der die Kartoffeln bringt. Aber bis der kommt, bin ich gewiß schon längst wieder zurück...«

Und dann überlassen Sie ihn seinem Schicksal. Nach zehn Minuten wird es zum erstenmal klingeln. Ihr Mann erhebt sich ächzend. Natürlich kann er seinen Bademantel nicht finden. Während er ihn im Badezimmer, im Wohnzimmer, im Eßzimmer und in der Küche sucht, wird an der Türe Sturm geläutet. Endlich findet er den Mantel – im Schlafzimmer – und geht öffnen. Es ist nicht der Mann mit den Kartoffeln, sondern ein Junge von der Metzgerei. Er gibt das Fleisch für morgen ab und will acht Franken sechzig dafür. Da Sie wohlweislich vergessen haben, Geld da zu lassen, muß Ihr Mann die acht Franken sechzig aus der eigenen Tasche bezahlen, was ihn ganz besonders wurmt. Unter heftigen Anwandlungen von Selbstmitleid steigt er wieder ins Bett, worauf es zum zweitenmal läutet. Es ist wieder nicht der Mann mit den Kartoffeln, sondern der Bote aus der Bäkkerei. Im Verlauf der nächsten halben Stunde läuten acht Botenjungen, drei Hausierer und eine Dame, die Ihrem Mann unbedingt Dr. Knolles Verjüngungsmittel aus brasilianischen Schildkröteneiern verkaufen will. Was ihr natürlich gelingt, da Ihr Mann keinerlei Erfahrung im Abwimmeln solcher Damen besitzt.

Wie zu erwarten war, erwacht Peterchen von dem dauernden Gebimmel und beginnt mark- und beinerschütternd zu krähen. Sein Vater verläßt zum fünfzehnten Mal sein Krankenlager, bindet sich ein Taschentuch vor das Gesicht und eilt ins Kinderzimmer. Er versucht den Sprößling zu beruhigen, indem er ihm mit den Händen vor dem Gesicht herumfummelt und Killikilli dada sagt. Peterchen kräht unentwegt weiter. Der Vater versucht es nun mit ‚Hänschen klein', worauf der Kleine begreiflicherweise noch erbärmlicher schreit. Waldemar nimmt ihn aus dem Bettchen, wiegt ihn hin und her, wobei er ihn krampfhaft festhält. Zu spät stellt er fest, daß Peterchen die Windeln voll hat. Von der Lösung des Problems, was tun, entbindet ihn die Wohnungsglocke, die schon wieder schrillt. Peterchen weit von sich haltend, stürzt Waldemar zur Tür und öffnet. Draußen stehen an Stelle des Kartoffelmanns zwei Schulkinder, die ein Wohltätigkeitsabzeichen verkaufen wollen. Beim Anblick des maskierten Mannes, der ein kreischendes Baby in den Händen hält, ergreifen sie entsetzt die Flucht.

In diesem dramatischen Moment läutet das Telefon. Verzweifelt setzt Waldemar den heulenden Sprößling auf den Fußboden und nimmt ab.

Entgegen tönt ihm Ihre Stimme:

»Ich wollte mich nur vergewissern, daß es dir gut geht. Weißt du, ich bin in der Apotheke etwas länger aufgehalten worden!«

Ich gehe jede Wette ein, daß Ihr Gatte nach dieser

Behandlung am nächsten Tag wieder zur Arbeit geht. Es sei denn, daß er wirklich krank wird...

Wie man ihn vom Ausgehen heilt

Die meisten Männer sind wie Kerzenlichter: sie gehen bei jeder Gelegenheit aus...

An solchen Gelegenheiten mangelt es bekanntlich nicht. Am Sonntag findet mit Sicherheit irgendein Fußballmatch statt, den sie um nichts in der Welt versäumen dürfen. An drei bis vier Abenden der Woche halten der Gesangsverein, der Jahrgängerverein, der Tulpenzüchterverein und der Verein ehemaliger Kleinkinder ihre regelmäßigen Zusammenkünfte ab. An den restlichen Abenden muß sich Ihr Gatte mit Geschäftsfreunden, Parteikollegen oder Kunden treffen.

Um nicht aus der Gewohnheit zu kommen, geht er auch am Samstagnachmittag aus. Er würde ja – wie er Ihnen immer wieder versichert – viel lieber zu Hause bleiben, den Garten umgraben, den Warmwasserhahn im Badezimmer reparieren oder mit den Kindern Hoppe-hoppe-Reiter spielen. Aber leider, leider geht es nicht. Er hat Herrn Braun schon seit Wochen versprochen, daß er heute mit ihm Tennis spielt. Er kann die Freunde nicht im Stich lassen; ohne ihn fehlt der vierte Mann zum Kartenspiel. Herr Weiß hat ihn zu einer Partie

Schach herausgefordert, da kann er doch nicht kneifen...

Diese Dinge müssen Sie, liebe Haus- und Ehefrau, natürlich einsehen. Sie würden Ihren Mann aufs tiefste verletzen, wenn Sie die Wichtigkeit einer Schachpartie oder eines Kartenspiels in Zweifel zögen. Dagegen berührt es ihn ungemein sympathisch, wenn Sie selber den Vorschlag machen:

»Gehst du denn nicht Karten spielen heute nachmittag, Theobald?« Theobald fühlt sich durch dieses unerwartete Entgegenkommen etwas überrumpelt.

»Ich – ich hatte es eigentlich im Sinn«, stammelt er. »Du hast doch nichts dagegen?«

»Aber Theo! Warum sollte ich denn etwas dagegen haben. Ein bißchen Entspannung nach der anstrengenden Woche hast du weiß Gott verdient! Und zudem zählen deine Freunde gewiß auf dich.«

»Das tun sie allerdings.«

»Eben! Geh du nur ruhig zu deinem Spielchen. Ihr trefft euch doch immer noch im ‚Ochsen'?«

»Ja – warum?«

»Könntest du nicht den kleinen Umweg zur Metzgerei machen und mir das Fleisch für morgen mitbringen?«

Theobald hat zwar – wie alle Männer – eine ausgeprägte Abneigung gegen Einkäufe. Aber nachdem Sie ihn eben so freundlich zu seinem Kartenspiel ermuntert haben, kann er nicht gut nein sagen. Er sagt also:

»Was soll ich dir denn mitbringen?«

Und nun legen Sie los:

»Schau, ich hab dir schon alles aufgeschrieben. Ein Paar Kalbswürste, fünfhundert Gramm Schweinebraten, zweihundert Gramm Aufschnitt vom billigen... Und dann könntest du eigentlich noch ein Pfund Speck nehmen. Aber paß auf, daß man dir ein mageres Stück gibt. Wenn man nicht aufpaßt, geben sie einem regelmäßig viel zu fetten. Und hier ist die Liste fürs Lebensmittelgeschäft! Mach aber bitte die Einkäufe, bevor du in den ‚Ochsen' gehst; die Läden schließen um fünf!« Während Sie ihm die diversen Einkaufslisten in die Hand drücken, empfiehlt sich ein zarter Kuß auf Stirn oder Wange. Und vergessen Sie nicht, zum Abschied zu flöten: »Viel Vergnügen beim Kartenspiel!«

Unter uns gesagt: Ihr Herr Gemahl wird an diesem Nachmittag kaum zum Kartenspiel kommen! Erstens sind an Samstagen bekanntlich alle Geschäfte voll. Zweitens fühlt sich ein Mann in einem Laden voller einkaufender Hausfrauen so unbehaglich wie nur möglich. Er kommt sich als Eindringling und unerwünschter Ausländer vor. Verängstigt stellt er sich in die hinterste Ecke des Ladens. Was zur Folge hat, daß er von den Verkäuferinnen völlig übersehen wird und dreimal so lange warten muß wie jeder andere. Endlich wird sich eine Verkäuferin seiner erbarmen und ihn nach seinen Wünschen fragen.

»Ein Paket Nudeln«, sagt Theobald.

»Was für eine Marke darf es denn sein?«

Theobald muß gestehen, daß er keine Ahnung hat.

Die Verkäuferin versucht, ihm zu helfen.

»Breite oder schmale?«

Auch das weiß Theobald leider nicht.

Die Verkäuferin wird begreiflicherweise ungeduldig, die Hausfrauen links und rechts mustern ihn teils kopfschüttelnd, teils belustigt. Eine imposante Dame sagt sehr vernehmlich zu ihrer Nachbarin: »Man sollte nicht einkaufen gehen, ehe man weiß, was man will – finden Sie nicht auch?«

Theobald kriegt einen hochroten Kopf und entschließt sich hastig zu den schmalen. (Zu Hause wird sich herausstellen, daß er die breiten hätte nehmen sollen!)

Das nächste Wort auf der Liste kann er überhaupt nicht entziffern. Es könnte Paniermehl heißen. Vielleicht auch Paprikaschoten. Theobald kauft in der Verzweiflung beides. (In Wirklichkeit heißt es ‚Papierservietten'.)

Schon nach dreiviertel Stunden verläßt Theobald das Geschäft. Da er sich standhaft geweigert hat, eine Einkaufstasche mitzunehmen – Männer kommen sich mit Einkaufstaschen lächerlich vor – muß er jetzt zwanzig Päckchen, Büchsen, Schachteln, Dosen und Papiersäcke krampfhaft an sich pressen. Schon nach den ersten zwanzig Schritten fällt meistens eines der Päckchen zu Boden. In der Regel pflegt es das mit den Eiern zu sein. Wenn Theobald endlich seine sämtlichen Einkäufe besorgt hat, ist der Nachmittag beinahe vorbei. Seine Freunde sind sicher schon böse auf ihn, weil er sie so lange warten ließ. Zudem werden sie sich über ihn lustig machen, wenn er mit seinen Tüten, aus denen Blumenkohl, Kopfsalat und Emmentaler Käse hervorschauen, im ‚Ochsen' auftaucht. Da geht er lieber gar nicht mehr hin...

Die Vorteile dieses Vorgehens liegen auf der Hand: der Gatte wird daran gehindert, seine Freizeit unnütz zu vertrödeln. Er wird gezwungen, produktive Arbeit zu leisten, ohne daß er sich dagegen zur Wehr setzen kann. Wenn Sie überdies geflissentlich vergessen, ihm Geld für die Einkäufe mitzugeben, können Sie sich jedesmal ein nettes Sümmchen von Ihrem Haushaltungsgeld sparen. Und was das Wichtigste ist: Ihr Mann wird bald keine Lust mehr verspüren, am Samstagnachmittag auszugehen.

Schwieriger ist es, wenn der Gatte abends ausgeht. Bemühen Sie sich gar nicht erst, ihn vom Weggehen abhalten zu wollen. Konzentrieren Sie sich voll und ganz auf den Empfang, den Sie ihm bereiten, wenn er wieder nach Hause kommt. Sehr wirkungsvoll ist es beispielsweise, wenn Sie ihn leise vor sich hin weinend erwarten! (Genaue Instruktionen über das richtige Weinen sind Seite 38 nachzulesen!) Ihr Gatte muß den Eindruck erhalten, daß Sie schon stundenlang geweint haben. Hüten Sie sich also davor, den Auftritt zu verschlafen. Richten Sie den Wecker so, daß Sie mindestens eine Viertelstunde vor der vermutlichen Heimkehr des Ehemannes erwachen. So haben Sie noch genügend Zeit, die Pose der untröstlichen Gattin glaubwürdig einzuüben und, falls die Tränen nicht von selber fließen wollen, mit einer Zwiebel nachzuhelfen. Die Vorstellung, daß die Frau zu Hause sitzt und heult, ist den meisten Männern so peinlich, daß sie allmählich die Freude am Ausgehen verlieren.

Für die unter Ihnen, liebe Haus- und Ehefrauen, die einen stark entwickelten Sinn für Scherz und Spielereien besitzen, möchte ich noch eine zweite, allerdings etwas ausgefallene Methode, den heimkehrenden Gatten zu empfangen, anführen.

Voraussetzung dafür ist, daß Sie Ihren Mann schon weitgehend in unserem Sinne erzogen haben. In diesem Falle wird er nämlich, wenn er mitten in der Nacht nach Hause kommt, kein Licht mehr machen, um Sie nicht zu wecken. Im Dunkeln wird

Ihr Gatte muß den Eindruck erhalten, daß Sie schon stundenlang geweint haben.

er sich – so leise als möglich – seinen Weg ins Bett suchen. Achten Sie darauf, daß es im Schlafzimmer wirklich ganz finster ist. Stellen Sie hierauf irgendein Hindernis in den Weg, auf dem der späte Heimkehrer voraussichtlich dahergetappt kommt. Es kann ein Wäschekorb sein, ein Bügeleisen oder das Schaukelpferd der Kinder. Sorgen Sie dafür, daß im richtigen Abstand hinter diesem Hindernis ein Tischchen oder Schemel mit einer Blumenvase steht. Wenn Ihr Mann nun in der Finsternis über das Schaukelpferd stolpert, wird er höchstwahrscheinlich lang hinfallen und das Tischchen mitreißen. Mit ein wenig Glück geht die Vase in Scherben. Selbstverständlich müssen Sie sich bereit halten, im Augenblick, wo Ihr Gemahl mit Getöse über das Hindernis fällt, im Bett hochzufahren und ‚Hilfe!' zu schreien. Hierauf knipsen Sie das Licht an und rufen mit gutgespielter Überraschung: »Ach, du bist es! Ich dachte schon, jemand will bei uns einbrechen. Aber schau nur! Du hast ja die kostbare chinesische Vase zerbrochen!«

Und fügen Sie mit mildem Vorwurf hinzu:

»Mußt du denn unbedingt so viel trinken, daß du nicht mehr gerade auf den Beinen stehen kannst!«

Die ‚kostbare chinesische Vase' haben Sie für fünfzig Rappen bei einem Trödler gekauft. Aber das weiß der Herr Gemahl nicht und darum wird er Ihnen zerknirscht eine neue nach Hause bringen.

Im Zusammenhang mit der schlechten Gewohnheit vieler Ehemänner, oft und gern allein auszugehen, muß ich noch an eine andere Untugend erinnern: der durchschnittliche Ehemann kommt leider sehr oft sehr unpünktlich nach Hause. Schuld daran sind die vielen Überstunden, die er im Geschäft machen muß! Wenigstens sagt er das. In Wirklichkeit kann er es einfach nicht übers Herz bringen, nach Hause zu gehen, ohne einen oder auch mehrere Aperitifs getrunken zu haben.

Gegen diese männliche Unpünktlichkeit gibt es ein sicheres, wenn auch etwas drastisches Mittel.

Kochen Sie, wenn Ihr Gatte den Heimweg wieder einmal nicht findet, überhaupt kein Abendbrot. Lassen Sie stattdessen ein paar Scheiben altes Brot in der Bratpfanne verkohlen, bis die ganze Wohnung von beißendem Qualm erfüllt ist. Empfangen Sie Ihren Mann unter der Wohnungstür. Rufen Sie ihm schon im Treppenhaus entgegen:

»O Liebling! Mir ist ein gräßliches Unglück passiert!« Während Ihr Mann entsetzt vor dem Rauch zurückweicht, der ihm aus der Wohnung entgegendringt, werfen Sie sich an seine Brust und gestehen schluchzend:

»Bitte, bitte, sei nicht böse, Liebling! Das ganze Essen ist verbrannt!«

»Wieso denn?«

»Ich war in schrecklicher Unruhe, Liebling, weil

du so lange nicht gekommen bist. Ständig bin ich auf den Balkon gelaufen und habe Ausschau gehalten, ob du noch nicht auftauchst. Ich hatte eine furchtbare Angst, es könnte dir etwas zugestoßen sein!«

»Was soll mir denn zustoßen?«

»Ach, heutzutage weiß man nie! Als du um sieben immer noch nicht da warst, habe ich die Polizei angerufen. Und während ich die Vermißtmeldung durchgab, ist mir eben das ganze gute Abendbrot verbrannt...«

Nun brechen Sie unverzüglich in Tränen aus, so daß Ihr Gatte gar nicht dazu kommt, wütend oder auch nur ungehalten zu werden. Lassen Sie sich nach einigen Minuten von ihm beruhigen. Lächeln Sie ihn unter Tränen an und sagen Sie dabei mit immer noch zitternder Stimme (siehe auch Anleitung zum richtigen Schluchzen Seite 37):

»Du mußt keine Angst haben, Liebling. Du wirst trotzdem zu deinem Essen kommen! Wir speisen heute abend ganz einfach auswärts. Ich habe bereits im Grillroom des Palace-Hotels einen Tisch reservieren lassen.«

Ich brauche wohl kaum zu sagen, daß der Grillroom des Palace-Hotels nicht nur ein sehr gutes, sondern auch ein sehr teures Lokal ist. Das Diner muß so viel kosten, daß Ihr Gatte sich seine Unpünktlichkeit ganz einfach nicht oft leisten kann.

ACHTE LEKTION

Wie man seinen Witzen entgeht

Ehemänner – das haben wir schon mehrmals feststellen müssen – sind zwiespältige Wesen. Das äußert sich unter anderem auch in ihrem Verhältnis zur menschlichen Sprache. Zu Hause, im trauten Umgang mit der Gattin, spricht der Gatte so wenig als möglich. Jedes Wort scheint ihm Mühe zu machen. In Gesellschaft dagegen redet er ununterbrochen und – was noch schlimmer ist – regelmäßig über Dinge, die Sie, meine Damen, nicht im geringsten interessieren, über Fußball, über Motorräder, über seine Erinnerungen an die Rekrutenzeit oder über den häßlichen Charakter seines Vorgesetzten. Versuche, ihn in ein nettes Gespräch über Schönheitspflege oder die Wintermode zu verwickeln, sind von vornherein zum Scheitern verurteilt.

Ebensowenig nützt es, wenn Sie ein beleidigtes Gesicht machen und die Diskussionen der Männer stumm über sich ergehen lassen. In neunundneunzig von hundert Fällen wird Ihr Gatte gar nicht bemerken, daß seine Ansichten über den nationalen Fußballsport Sie ebenso heftig interessieren wie eine Fernsehübertragung einen Blinden. Sollte es ihm wider alle Erwartung doch auffallen, so wird er Ihnen mangelndes Verständnis für sein Innenleben und seelische Grausamkeit vorwerfen.

Als kluge Ehefrau gehen Sie ganz anders vor. In erster Linie müssen Sie brennendes Interesse heucheln. Hängen Sie atemlos vor Spannung an den Lippen Ihres Mannes, sobald er anfängt, die Schwächen des städtischen Fußballklubs fachmännisch zu kritisieren oder – zum hundertundsiebenundzwanzigstenmal – jene denkwürdige Episode zu schildern, als er zu seinem Chef sagte: »Herr Häberlein, wenn Sie glauben, daß ich für dieses lächerliche Gehalt, und so weiter...« Tun Sie, als ob Ihnen jedes Wort neu wäre! Und stellen Sie vor allem möglichst viele Fragen, die Ihr Interesse bekunden. Je dümmer Ihre Fragen sind, desto besser! Je öfter Ihr Mann seine Erzählung unterbrechen muß, um Ihnen die Grundbegriffe des Fußballsportes zu erklären oder Ihre lächerlichen Mißverständnisse richtigzustellen, desto rascher wird ihm die Lust zu erzählen vergehen.

Fast ebenso schlimm wie die Gespräche über Militär, Sport und geschäftliche Dinge sind die Witze! An sich ist ja nichts dagegen einzuwenden, wenn in Gesellschaft Witze erzählt werden. Unangenehm wird die Sache erst, wenn Ihr Gemahl meint, auch einige beisteuern zu müssen. Erstens kann der eigene Ehemann in den seltensten Fällen Witze gut erzählen, und zweitens kennen Sie – als seine rechtmäßige Frau und Gattin – jeden dieser Witze natürlich seit Jahrzehnten auswendig. Sie müssen ihn also daran hindern, sie immer wieder zum sogenannten besten zu geben.

Das ist zum Glück gar nicht schwer. Sie brauchen nur das zu tun, was zahllose Ehefrauen vor Ihnen mit größtem Erfolg getan haben, nämlich die Witze Ihres Mannes um ihre Wirkung bringen.

Bekanntlich gibt es sehr viele, zum Teil äußerst raffinierte Arten, wie ein Witz verdorben werden kann. Ich will mich darauf beschränken, drei einfache und doch wirksame Methoden zu beschreiben.

Angenommen, Ihr Herr Gemahl beginnt folgendermaßen: »Kennt ihr eigentlich die Geschichte von dem Schotten, der den Bus-Schaffner fragt, wieviel ein Fahrschein bis zum Hauptbahnhof kostet...?«

Hier fallen Sie ihm unverzüglich ins Wort und rufen enthusiastisch: »Oh, das ist doch der, wo der Schotte bis zur nächsten Haltestelle neben dem Bus herläuft, damit er nicht so viel zahlen muß, und dann stellt sich heraus, daß der Bus in die verkehrte Richtung fährt – hahahaha – den mußt du unbedingt erzählen!«

Ebenso wirksam wie das Vorwegnehmen der Pointe ist die zweite Methode:

»Es war einmal eine alte Dame, die einen Papagei hatte«, beginnt Ihr Mann. »Dieser Papagei konnte reden, hatte aber...«

Schon unterbrechen Sie ihn:

»Nein, Archibald, du erzählst es nicht richtig! Der Papagei gehörte dem Pfarrer, nicht der alten Dame!«

»Aber nein, der Papagei gehörte der alten Dame, und eines schönen Tages kommt der Pfarrer die Dame besuchen, und da...«

»Seltsam! Ich habe mir immer eingebildet, der Papagei gehöre dem Pfarrer und eines schönen Tages komme die alte Dame diesen besuchen.«

»Das stimmt doch nicht! Das kann ja gar nicht stimmen! Der Papagei hat doch die Unart, zu fluchen und derbe Schimpfwörter zu brauchen. Deshalb schämt sich doch die alte Dame. Wenn der Papagei dem Pfarrer gehörte, wie du behauptest, dann würde er doch keine Schimpfwörter in den Mund nehmen!«

»Du meinst: in den Schnabel nehmen!«

»Meinetwegen – in den Schnabel nehmen. Auf alle Fälle würde der Papagei nicht fluchen, wenn er dem Pfarrer gehörte.«

»Aber das ist doch gerade der Witz dabei!«

Ungefähr an diesem Punkte der Auseinandersetzung wird die übrige Gesellschaft das Interesse an dem fluchenden Papagei verlieren. Irgend jemand wird sagen:

Ihr müßt Euch schon langsam einigen, wem der blöde Papagei gehört hat.

»Ihr müßt euch schon langsam einigen, wem der blöde Papagei gehört hat.«

Worauf Archibald wütend wird und zu schreien beginnt:

»Zum Teufel, ich kenne doch die Witze, die ich erzähle. Ich sage euch: Der Papagei gehörte dem Pfarrer – ich meine: Er gehörte der alten Dame und eines Tages kam der Papagei auf Besuch. Nein – ich will sagen: der Pfarrer kam zu Besuch und der Papagei schämte sich...«

Wenn Sie Ihr Störmanöver einigermaßen geschickt durchführen, wird er den Witz bis morgens um vier Uhr nicht zu Ende erzählen können. Und das nächste Mal weiß er ganz bestimmt selber nicht mehr, wem der Papagei eigentlich gehörte.

Die dritte Methode, einen Witz kaputt zu machen, ist vielleicht nicht so raffiniert. Sie ist fast beschämend einfach, hat aber – wie Sie gleich sehen werden – beachtliche Vorteile.

Nehmen wir an, der Witz, den Ihr Gatte erzählen will, beginnt so: »Kommt einmal ein Bäuerlein vom Lande in die Stadt. Im Bahnhof wendet er sich an einen Müßiggänger, der dort steht, und fragt ihn: ‚Entschuldigung, können Sie mir vielleicht sagen, wie ich zum städtischen Krankenhaus komme...?‘«

»Apropos Krankenhaus«, fallen Sie ein, »habt

ihr schon gehört, Frau Wild liegt seit vorgestern im Krankenhaus. Sie hat den Arm gebrochen.«

Kein Mensch interessiert sich mehr für den Witz Ihres Mannes. Jeder erkundigt sich nach dem Unfall. »Wie ist es denn geschehen?« fragt man.

»Ja, stellt euch vor«, geben Sie zur Antwort, »sie ist im Treppenhaus ausgerutscht. Und wißt ihr, warum? Sie hatte ganz alte Schuhe mit abgetretenen Absätzen an den Füßen.«

»Ja – abgetretene Absätze sind enorm gefährlich!« wird jemand aus der Runde beipflichten. Worauf Sie sich triumphierend an Ihren Gatten wenden:

»Siehst du, Archibald! Jedermann gibt mir recht! Abgetretene Absätze sind eine schreckliche Gefahr. Ich sag es dir ja schon die längste Zeit: ich muß unbedingt ein Paar neue Pumps haben. Mit den alten nur noch einen Schritt zu tun, wäre direkt verantwortungslos!«

Wie man ihn auf den Pfad der Tugend zurückführt

Falls Sie die Winke und Ratschläge der vorangegangenen Lektionen genau befolgen, liebe Haus- und Ehefrau, so werden Sie bald feststellen können, wie einfach es im Grunde ist, einen Mann zu lenken. Seine Fehler und Untugenden werden verschwinden. Er wird Ihnen im Haushalt willig und folgsam zur Hand gehen und sich von den Strapazen des Teppichklopfens und Windelnwaschens im Büro erholen. Er wird die Abende zu Hause verbringen und erst noch vorgeben, daß es ihm Spaß macht. Er wird beifällig nicken, wenn Sie ihm klarmachen, daß Sie mit dem Haushaltungsgeld nicht auskommen. In Gesellschaft wird er still und bescheiden dasitzen. Er wird keine langweiligen Geschichten und keine uralten Witze mehr erzählen, sondern aufmerksam zuhören, was Sie und Ihre Freundinnen sich Interessantes mitzuteilen haben. Selbst ein wohlerzogener, gründlich umgemodelter Ehemann wird das alles aber nur unter einer Voraussetzung tun: er darf nicht zu viel trinken. Schon nach dem zweiten oder dritten Glas Wein, Whisky oder was für ein kräftiges Getränk es sonst sein mag, bröckelt die ganze Wohlerzogenheit im Handumdrehen von ihm ab.

Um dies zu verhindern, müssen Sie es ihm unmöglich machen, mehr als höchstens ein Glas leerzunippen. Das ist allerdings nicht ganz einfach. Bekanntlich wird jeder Mann, sobald er in die Gesellschaft von wenigstens einem anderen Mann gerät, automatisch von quälendem Durst befallen. Und unglücklicherweise sind Getränke wie Sirup, Mineralwasser oder Kamillentee völlig ungeeignet, diesen spezifisch männlichen Durst zu löschen. Sie werden deshalb verschmäht, was allerdings ganz unlogisch ist, denn die Getränke, die von durstigen Männern bevorzugt werden, pflegen den Durst auch nicht zu löschen. Im Gegenteil: mit jedem Glas, das der Durstige trinkt, wird sein Durst gewaltiger.

Gegen den männlichen Durst und seine katastrophalen Folgen für Ihre Erziehungsarbeit gibt es ein altbewährtes Rezept. Es ist so bekannt, daß ich mich beinahe schäme, es hier anzuführen. Die allermeisten Ehefrauen kennen es seit jeher und wenden es bei jeder Gelegenheit erfolgreich an. Für den Fall, daß unter Ihnen, liebe Leserinnen, doch noch die eine oder andere sein sollte, die es nicht kennt, will ich es ganz kurz schildern.

Die Gattin hat folgendes zu tun:

Sobald sich der Gastgeber mit einer Flasche

nähert, ruft sie, ehe ihr Mann sein Glas hinhalten oder »Ja! Sehr gerne!« sagen kann: »Vielen, vielen Dank, Herr Mattmüller! Otto trinkt nie mehr als ein Gläschen. Er verträgt den Alkohol leider schlecht!«

Und mit einem stolzen Blick in die Runde fügt sie hinzu: »Ich bewundere ihn grenzenlos, weil er so fabelhaft vernünftig ist!«

Noch sicherer gehen Sie natürlich, wenn Sie den Gastgeber schon am Nachmittag vor der Einladung anrufen. Erkundigen Sie sich, ob er an ein paar Flaschen Mineralwasser gedacht hat, und teilen Sie ihm begeistert mit, daß Otto seit zwei Monaten keinen Tropfen mehr trinke. Sicherheitshalber empfiehlt es sich, hierauf noch zu bitten: »Erwähnen Sie aber Otto gegenüber nicht, daß ich Ihnen davon erzählt habe. Er ist furchtbar empfindlich gegen diesbezügliche Witzeleien!« Am Abend wird sich Ihr Herr Gemahl dann nicht schlecht wundern, warum man ausgerechnet ihm nur Mineralwasser einschenkt.

Eine zweite, nicht minder ernste Gefahr für das tadellose Benehmen Ihres Mannes ist die Anwesenheit anderer Frauen bei einer Gesellschaft. Solange sie alt, häßlich oder allzu intelligent sind, ist nichts gegen ihre Anwesenheit einzuwenden. Sollten sie aber jung und hübsch sein, so besteht leider die

Möglichkeit, daß er mit ihnen zu flirten versucht und wie ein aufgeplusterter Gockel um sie herumscharwenzelt. Verstehen Sie mich nicht falsch, meine Damen! Ich bin mir vollkommen klar darüber, daß solche Anwandlungen in den allermeisten Fällen ganz harmlos sind. Der durchschnittliche Ehemann ist viel zu bequem und ruheliebend, um sich ernstlich in Gefahr zu begeben. Es schmeichelt ganz einfach seinem Selbstbewußtsein, ab und zu wenigstens für eine halbe Stunde als Charmeur und Herzensbrecher aufzutreten. Obwohl die Sache an sich lächerlich harmlos ist, sollten Sie, liebe Ehefrau, etwas dagegen tun. Solange Ihr Gatte mit anderen Frauen flirtet, ist er Ihrem eigenen guten Einfluß entzogen, und das kann auf die Dauer Ihre ganze Erziehungsarbeit gefährden. Also unverzüglich einschreiten!

Aber wie? Selbstverständlich müssen Sie auch in dieser Situation – wie immer bei der Veredelung des Ehemannes – diplomatisch vorgehen. Machen Sie um Himmels willen kein böses Gesicht, wenn er sich mit einer der anwesenden jungen Damen in ein stilles Eckchen verzieht oder – ganz gegen seine Gewohnheit – auf die Tanzfläche stürmt. Schauen Sie ihm eine Zeitlang mit gönnerhaftem Lächeln beim Tanzen zu. Nicken Sie aufmunternd, sobald er in Ihre Richtung schaut. Sagen Sie, wenn er in Ihrer Nähe vorbeitanzt, möglichst laut:

Eine zweite, nicht minder ernste Gefahr ist die Anwesenheit anderer Frauen.

»Schaut euch nur Otto an! Ist doch ganz erstaunlich, wie er noch das Tanzbein schwingt – in seinen Jahren!«

Beim dritten Tanz bahnen Sie sich zwischen den Paaren hindurch einen Weg zu Ihrem Mann. Legen Sie ihm mit besorgter Miene die Hand auf die Schulter und sagen Sie mit strahlender Liebenswürdigkeit zu seiner Partnerin:

»Es tut mir schrecklich leid, Fräulein Marianne. Sie müssen meinen Mann für den nächsten Tanz entschuldigen. Wissen Sie – in seinem Alter sind drei Tänze hintereinander doch zu anstrengend!« Und ehe er sich von seiner Verblüffung erholt hat, führen Sie ihn zum Tisch zurück, wobei Sie seinen Arm stützen, als ob er nicht mehr allein gehen könnte. Sagen Sie dabei liebevoll bekümmert: »Ist dir schwindlig, Otto? Weißt du, es hat ja wirklich keinen Sinn zu übertreiben – in deinem Alter!«

Dieses Vorgehen verfehlt seine Wirkung selten. Es braucht ja so wenig, einen stattlichen Vierziger in den Augen eines jungen Mädchens zum Tattergreis zu machen!

Eine ähnlich durchschlagende Wirkung erzielen Sie, wenn Sie Ihren Mann in Anwesenheit seines Flirts an seine Herztropfen oder Rheumatabletten erinnern. Wärmstens empfehlen kann ich auch die Bemerkung:

»Findest du nicht auch, Otto, daß Fräulein

Marianne heute abend ganz besonders reizend aussieht? Wenn ich sie anschaue, muß ich immer an die Zeit denken, da wir auch noch so jung waren. Mir ist's als ob es erst gestern gewesen wäre, und dabei sind es dreißig Jahre her, seit wir zum erstenmal miteinander zum Tanz gingen. Unglaublich, wie die Zeit vergeht...«

ZEHNTE LEKTION

Woran man den Mustergatten erkennt

Wir sind gleich am Ende unseres kurzen Lehrganges. Selbstverständlich konnten auf den wenigen Seiten dieses Bändchens bei weitem nicht alle Probleme der Gattenerziehung behandelt werden. Ich habe – um nur einige Beispiele zu nennen – nicht davon gesprochen, wie man seinen Mann dazu bringt, jedes Vierteljahr Gehaltserhöhung zu verlangen und sie wenn möglich auch noch zu bekommen. Ich habe noch nicht erläutert, wie man dem Gatten nach und nach seine läppischen Hobbies abgewöhnt. Ich habe kein Wort davon gesagt, wie die Frau es anstellen muß, damit der Wagen alljährlich gegen ein neueres, schöneres und kostspieligeres Modell vertauscht wird.

Ich bin jedoch überzeugt, daß Sie, meine Damen, mit all diesen Problemen selber fertig werden. Die Grundregeln der Männerbehandlung habe ich Ihnen ja geschildert, auf Einzelkniffe und Detailtricks werden Sie von alleine kommen! Die normale Ehefrau ist ja von Natur aus so unglaublich raffiniert, daß der Gatte auf die Länge gar keine Chancen gegen sie hat.

Nur eine Frage möchte ich zum Schluß noch beantworten. Es ist eine Frage, die immer wieder von Ehefrauen gestellt wird. Sie lautet: Wann darf man die Erziehung des Mannes als abgeschlossen betrachten? Wann verdient er den Namen Mustergatte?

Wie auf alle wirklich tiefsinnigen Fragen gibt es auch auf diese keine eindeutige Antwort. Die eine Ehefrau wird sich mit dem Resultat Ihrer Erziehung früher abfinden, die andere dagegen wird – wie so viele wahren Künstler – mit ihrem Werk nie ganz zufrieden sein und den Charakter ihres Mannes immer von neuem ausfeilen und verbessern.

Ich will mich darauf beschränken, ein Beispiel anzuführen. Dieses Beispiel ist ein Ehemann aus meinem Bekanntenkreis, den ich persönlich für einen ziemlich tadellosen Mustergatten halte. Nach Büroschluß sehe ich ihn oft mit einer großen Einkaufstasche von einem Laden zum andern eilen. Ich habe ihn auch schon beim Einkaufen beobachtet. Fachmännisch wählt er die größten Äpfel, die reifsten Tomaten und die festesten Salatköpfe aus. Mit der Verkäuferin in der Früchtehandlung hörte ich ihn darüber diskutieren, welche Sorte Birnen sich am besten zum Einmachen eignet. Und beim Metzger erkundigte er sich kürzlich, wie lange ein Huftstück braten müsse.

Vorige Woche besuchte ich ihn zu Hause. Ich

fand ihn in der Küche, wo er – ein munteres Liedlein vor sich hinträllernd – ganze Berge von Geschirr abwusch.

»Geh nur ins Wohnzimmer!« rief er mir zu. »In zehn Minuten bin ich in der Küche fertig.«

»Wo ist denn deine Frau?« fragte ich.

»Ach, weißt du«, sagte er fröhlich, »die ist ausgegangen. Sie hat heute ihren Kegelabend.«

Randbemerkungen zu diesem Buch

Nachwort von Stephanie Glaser

Man hat mich gebeten, ein paar Randbemerkungen zur ›Ehe für Anfängerinnen‹ beizusteuern. Ich tue das mit Vergnügen, und ich will Ihnen auch gleich sagen, warum:

Ehe dieser Leitfaden für Ehefrauen ein Büchlein geworden ist, war er eine Radiosendung. Besser gesagt: Ein Zyklus von Kurzvorträgen, die vom Schweizer Landessender Beromünster ausgestrahlt wurden. Ich spielte dabei die Rolle der Vortragenden. Ich erteilte meinen Hörerinnen (die Hörer wurden jeweilen aufgefordert, nicht zuzuhören, was sie natürlich trotzdem taten) boshafte Ratschläge, erläuterte diese Ratschläge an drastischen Beispielen und sparte nicht mit bissigen Bemerkungen über die Herren der Schöpfung.

Das war – wie ich heute weiß – sehr unvorsichtig von mir! Eine Menge Leute nahm meine Vorträge nämlich erstens ernst und zweitens furchtbar übel. Und diese Leute taten das, was tierisch ernste und übellaunige Menschen meistens tun. Sie protestierten. Sie griffen zum Telephon, um zu schimpfen. Anonym natürlich. Sie schrieben aber auch zornige, tadelnde und sackgrobe Briefe. Und die ganze Empörung richtete sich gegen mich. Daß der Autor der Sendung Hans Gmür und nicht Stephanie Glaser hieß, kümmerte die Bekümmerten kaum. Meine Stimme hatten sie gehört; und auf mein – beinahe unschuldiges – Haupt prasselte die ganze Flut der Entrüstung herab.

Um keinen falschen Eindruck zu erwecken, muß ich allerdings gleich beifügen: Noch zahlreicher als die Proteste waren die Komplimente. Viele Hörer versicherten, daß sie sich köstlich unterhalten hätten. Nach jeder Sendung erkundigten sich Leute, ob ‚Der häusliche Drill' auch in Buchform erhältlich sei. Die Presse spendete uns Lob. Der Ex Libris Verlag entschloß sich, ausgewählte Stellen aus der Sendung auf einer Schallplatte herauszubringen.

Wie grundverschieden unsere Sendereihe aufgenommen wurde, möchte ich Ihnen gerne an Hand einiger Zitate aus Briefen, die ich erhielt, vor Augen führen.

Eine Hörerin aus Aesch war gar nicht zufrieden:

Ich möchte Ihnen sagen, daß diese Sendung kein Ruhmesblatt ist. Mein Mann stund auf und drehte den Knopf, sagte dazu, ich kann das jetzt nicht mehr hören, jetzt langt's. Mit solchen Sendungen nützen Sie dem Frauenstimmrecht wenig, gerade das Gegenteil tritt ein.

Anderer Ansicht war offenbar ein Herr aus Biel:

Liebe Stephanie Glaser,

mit heller Begeisterung habe ich im Kreise meiner Familie

Ihre neue Sendereihe in mich aufgenommen. Mehr als einmal ruhte der Blick meiner lieben Familie auf meinem Gewissen. Auch die Kinder räusperten sich vielsagend, und ich – ich saß wie auf Kohlen. Trotzdem – oder gerade deshalb möchte ich Ihnen zu dieser vorzüglichen Sendung herzlichst gratulieren...

Weniger schmeichelhaft waren die Zeilen, die wir von einem Hörer aus Zürich erhielten:

Bezugnehmend auf Ihre Sendung ‚Der häusliche Drill' möchte ich Ihnen mitteilen, daß ein so ausgewachsener Quatsch kaum je von Zürich aus über den Äther gesendet worden ist. Meine Vorstellung von Fräulein Glaser ist folgende: Ein Mutterbabi, das noch nie körperliche Arbeit getan hat, sonst käme ein geistiger Blödsinn kaum so kraß ans Licht. Es wäre angebrachter, Fräulein Glaser würde sich mehr um die Hebung der Moral gewisser Frauen bekümmern (sie sind an der Saffa nicht ausgestellt worden). Ich hoffe bestens, Sie werden Fräulein Glaser den Unsinn unterbinden, diese kabarettistische Entgleisung gehört nicht ans Radio, höchstens auf eine Bühne, wo den Blödsinn nur ein kleiner Kreis meist geistig unterernährter Leute zu hören bekommen...

Zu den geistig unterernährten Besuchern von Kabarettvorstellungen gehört offenbar auch der Herr aus Langnau, der mir schrieb, er habe mich schon oft und immer sehr gerne auf der Bühne gesehen. Zum ‚Häuslichen Drill' sagte er:

Auch ich bin einer jener unfolgsamen Ehemänner, die trotz Ihrer Warnung Ihren ‚Häuslichen Drill' mit Interesse – und glücklicherweise – verfolgen. Und es drängt mich, Ihnen dafür zu danken, daß Sie ein so hochaktuelles Thema endlich aufgegriffen haben und öffentlich behandeln. Wie waren wir Ehemänner doch so ahnungslos! Ich habe schon beim zweiten Vortrag einwandfrei festgestellt, daß meine Frau diesen Kurs irgendwann, irgendwo schon einmal absolviert haben muß. Für sie sind Ihre Ausführungen nur Ergänzung und Perfektionierung, für mich aber Erleuchtung!

Äußerst aufschlußreich war der Brief eines Hörers aus Lichtensteig:

Wenn Sie sich vorgestellt haben, mit Ihrer Vortragsreihe das starke Geschlecht ‚anzünden' zu können, so ist Ihnen dies glänzend gelungen. Letzten Samstagabend fragten mich im Restaurant zwei Bekannte, ob ich am Mittag diese Sendung auch gehört hätte. Auf meine Antwort, daß ich zwar die früheren gehört, die letzte aber infolge Abwesenheit leider verpaßt hätte, sagte der eine, ich solle nur froh sein. Dieses Weib sei ‚ein verdammtes Lästermaul', und der andere nannte es ‚eine ganz raffinierte Person'. Ich amüsierte mich köstlich und unterließ es absichtlich, sie darüber aufzuklären, daß der Autor unserem Geschlecht angehört.

Eine Familie aus Zürich teilte mir kurz und bündig mit:

Ihre Sendung ist eine Katastrophe.

Auf einer Postkarte aus Luzern stand:

Im Namen vieler Ehen bitte ich Sie inständig, die Sendungen ‚Der häusliche Drill' sofort einzustellen. Sie sollten doch selbst einsehen sollen – mag es nun noch so humoristisch gemeint sein – daß Sie damit viel Unheil in den Ehen anstiften. Es gibt sicherlich viele Frauen, besonders unter den jungen, die Ihre Aufforderungen als bare Münze nehmen. Ernste Mahner.

Ein anonymer Briefschreiber stellte fest:

Eine anständige Frau kann nicht so reden – ich glaube, daß diese Frau krank ist und zur Untersuchung gezogen werden sollte. Denn ich habe sehr Erbarmen mit solchen armen Menschen...

Man begnügte sich aber nicht damit, mir eine ärztliche Untersuchung nahezulegen. Auf einer Postkarte aus St. Gallen stand:

Sie sind eine blöde Kuh und eine alte Tante, die jedenfalls keinen Mann erwischt hat! Sie sollten vor Gericht gestellt werden wegen Ehestörungen. Einige Frauen.

Noch deutlicher drückte sich ein Hörer aus Basel aus:

Glauben Sie eigentlich wirklich, es mache Spaß, eine

hysterische Ziege wie diese Stephanie Glaser anzuhören. Falls diese Dame noch einmal im Radio zu hören ist, so werden einige dieser dummen Männer für gründliche Abhilfe sorgen, das kann ich Ihnen versichern.

Die Prügel, die mir hier ziemlich unverblümt angedroht wurden, habe ich zum Glück nie erhalten. Dafür aber eine Einladung. Sie kam aus Brig und lautete:

Wir sind zwanzig Herren und haben hier nächstens eine kleine Abendunterhaltung mit unseren Frauen. Es würde uns freuen, wenn Sie Ihre Vorträge, die Sie am Radio halten, in unserem Kreise wiederholen könnten.

Leider konnte ich der Einladung wegen anderweitigen Verpflichtungen keine Folge leisten. So habe ich nie erfahren, ob die zwanzig Herren mich wirklich mit Freuden empfangen – oder ob sie mich am Ende gelyncht hätten, wenn ich erschienen wäre.

Ich könnte noch eine Menge Briefe zitieren, aber ich glaube, die angeführten Beispiele genügen.

Zum Schluß möchte ich nur noch eines sagen: Ich bin sehr froh, daß der ‚Drill' nun in Buchform herausgekommen ist. So kann sich der Autor nicht länger hinter mir verstecken und muß nun endlich selbst zu seinen Bosheiten stehen.

Inhalt

Bibliothek für Lebenskünstler im Diogenes Verlag

● **Chaval**

Zum Lachen und zum Heulen
Die 400 besten Cartoons

Autofahren kann jeder!
Ein neuer Leitfaden für den modernen Kraftfahrer. Mit Bildern von Chaval und Texten von Christian Strich

● **Hans Gmür & Loriot**

Die Ehe für Anfängerinnen
oder Wie man einen Ehemann erzieht. Mit einem Nachwort von Stephanie Glaser und Zeichnungen von Loriot

● **Janosch**

Rasputin der Lebenskünstler
in Wort und Bild

Günter Kastenfrosch
oder der wahre Sinn des Lebens. Aufgezeigt an einem Kasten u.a.m. von Janosch

● **Reinhart Lempp & Loriot**

Kinder für Anfänger
Mit Zeichnungen von Loriot

Eltern für Anfänger
Mit Zeichnungen von Loriot

Enkel für Anfänger
Mit Zeichnungen von Loriot

● **Liebesbriefe für Anfänger**

Der klassische Liebesbriefsteller von Fritz Ammer und Georg Andreas. Mit einem Anhang ›Moderne Liebesbriefe‹ von Loriot

● **Loriot**

Auf den Hund gekommen
44 lieblose Zeichnungen. Eingeleitet von Wolfgang Hildesheimer

Der gute Ton
Das Handbuch feiner Lebensart in Wort und Bild

Der Weg zum Erfolg
Ein erschöpfender Ratgeber in Wort und Bild

Wahre Geschichten
Erlogen von Loriot

Für den Fall...
Der neuzeitliche Helfer in schwierigen Lebenslagen. Wort und Bild von Loriot

Nimm's leicht!
Eine ebenso ernsthafte wie nützliche Betrachtung in Wort und Bild

Umgang mit Tieren
Das einzige Nachschlagewerk seiner Art in Wort und Bild

Der gute Geschmack
Erlesene Rezepte für Küche und Karriere

Neue Lebenskunst
in Wort und Bild

Menschen, die man nicht vergißt
Achtzehn beispielhafte Bildergeschichten

Herzliche Glückwünsche
Ein umweltfreundliches Erzeugnis

Szenen einer Ehe
in Wort und Bild

• Sempé

Wie sag ich's meinen Kindern?
Ein Buch über den Umgang mit Kindern

Wie verführe ich die Frauen?
Locker gezeichnet von Sempé

Wie verführe ich die Männer?
Ein nützliches Handbuch

Gute Fahrt!
und andere Bildergeschichten

Der Lebenskünstler
und andere Bildergeschichten

• Hans Traxler

Wie Adam zählen lernte
Eine Kulturgeschichte in Bildern

• Viel Kinder, viel Segen!

Ein Buch von Kindern und ihrer Entwicklung vom Schreihals zum Flegel. Herausgegeben von Christian Strich. Mit Zeichnungen von Fiep Westendorp

• Alice Vollenweider

Aschenbrödels Küche
Einfach schmeckt besser! Erweiterte Neuausgabe. Mit Zeichnungen von Tomi Ungerer

• Wird eingefahren!

Autos und ihre Besitzer, gezeichnet von Bosc, Chaval, Dubout, Kiraz, Loriot, Steger u.a. Beschrieben von Sigismund von Radecki

Loriots Werke im Diogenes Verlag

»Was ich an Loriot mag, ist seine Intelligenz. Was ich am meisten an seinem Werk bewundere, ist die Art, wie gut alles gemacht ist – wie gut es gearbeitet ist, hätte ich beinahe gesagt, als wäre er ein Handwerker, ein Goldschmied etwa –, und meine damit nicht einen Oberflächenglanz, sondern das Wohldurchdachte, das durch und durch Ausgetüftelte, das mit Raffinement und größter Sorgfalt Erzeugte seiner Produktion.«
Patrick Süskind

Auf den Hund gekommen
44 lieblose Zeichnungen. Eingeleitet von Wolfgang Hildesheimer

Der gute Ton
Das Handbuch feiner Lebensart

Der Weg zum Erfolg
Ein erschöpfender Ratgeber in Wort und Bild

Wahre Geschichten
Erlogen von Loriot

Für den Fall…
Der neuzeitliche Helfer in schwierigen Lebenslagen. Wort und Bild von Loriot

Nimm's leicht!
Eine ebenso ernsthafte wie nützliche Betrachtung in Wort und Bild

Umgang mit Tieren
Das einzige Nachschlagewerk seiner Art in Wort und Bild

Der gute Geschmack
Erlesene Rezepte für Küche und Karriere

Neue Lebenskunst
in Wort und Bild

Loriots Großer Ratgeber
500 Abbildungen und erläuternde Texte geben Auskunft über alle Wechselfälle des Lebens

Loriots Großes Tagebuch
Erheblich erweiterte Ausgabe von ›Loriots Tagebuch‹ und ›Loriots Kommentare‹

Loriots kleine Prosa
Mit vielen Zeichnungen des Verfassers

Loriots Heile Welt
Neue gesammelte Texte und Zeichnungen, erstmals ›Loriots Telecabinet‹

Menschen, die man nicht vergißt
Achtzehn beispielhafte Bildergeschichten

Loriots Tagebuch
Gezeichnete Kommentare zum Zeitgeschehen

Loriots Kleiner Ratgeber
Korrektes Verhalten in allen Lebenslagen

Herzliche Glückwünsche
Ein umweltfreundliches Erzeugnis

Loriots Kommentare
zu Politik, Kriminalistik, Wirtschaft, Kultur, Modernem Leben, Männer und Sport sowie Tier- und Frauenwelt

Loriots Dramatische Werke
Texte und Bilder aus sämtlichen TV-Sendungen seit Loriots Telecabinet

Möpse & Menschen
Eine Art Biographie

Szenen einer Ehe
in Wort und Bild

Pappa ante portas
Drehbuch mit zahlreichen, meist farbigen Fotos

Loriot
Mit einem Vorwort von Patrick Süskind und einem Nachwort von Loriot

Von Loriot illustriert:

Kinder für Anfänger
Kein Leitfaden von Reinhart Lempp

Eltern für Anfänger
Eine Verständnishilfe von Reinhart Lempp

Enkel für Anfänger
Ein weises Handbuch von Reinhart Lempp

Liebesbriefe für Anfänger
Der klassische Liebesbriefsteller von Fritz Ammer und Georg Andreas. Mit einem Anhang ›Moderne Liebesbriefe‹ von Loriot